연세대학교 김대중도서관 연구총서 ⑥

김대중 대통령의 지식 정보 강국

꿈이 현실로

연세대학교 김대중도서관 연구총서 6

김대중 대통령의 지식 정보 강국
꿈이 현실로

2024년 2월 5일 1판 1쇄

지은이 송희준·오광석·이현덕·김준한
펴낸곳 연세대학교 출판문화원
주소 서울특별시 서대문구 연세로 50
등록 1955년 10월 13일(제9-60호)
전화 02) 2123-3378~80
팩스 02) 2123-8673
전자우편 ysup@yonsei.ac.kr
홈페이지 http://press.yonsei.ac.kr
인쇄 화신문화(주)

ISBN 978-89-6850-772-4 (93910)

값 18,000원

연세대학교 김대중도서관 연구총서 6

김대중 대통령의 지식 정보 강국

꿈이 현실로

송희준 · 오광석 · 이현덕 · 김준한 공저

연세대학교 출판문화원

<사진 1> 제1차 정보화전략회의

출처: 연세대학교 김대중도서관

김대중 대통령은 1998년 5월 21일 제1차 정보화전략회의에서 지식정보화 강국이 될 수 있도록 정부가 최선의 노력을 다할 것임을 강조했다.

<사진 2> 2000년 신년사

출처: 연세대학교 김대중도서관

김대중 대통령은 2000년 1월 3일 새천년신년사에서 지식정보화 시대에 능동적으로 대응하여 세계일류국가가 될 수 있도록 노력하자는 입장을 밝혔다.

<사진 3> 지식정보화 분야 세계적인 인사들과의 대화

빌 게이츠와 함께 (1998.6.18)

손정의와 함께 (1999.12.21)

앨빈 토플러와 함께 (2001.6.7)

출처: 연세대학교 김대중도서관

김대중 대통령은 지식정보화 분야의 세계적인 인사들을 만나서 지식정보화 시대의 인류의 미래와 한국 정부의 정보화 추진 전략에 대해서 심도 있는 논의를 하였다.

<사진 4> 전자정부 구현전략의 대통령 보고 자료

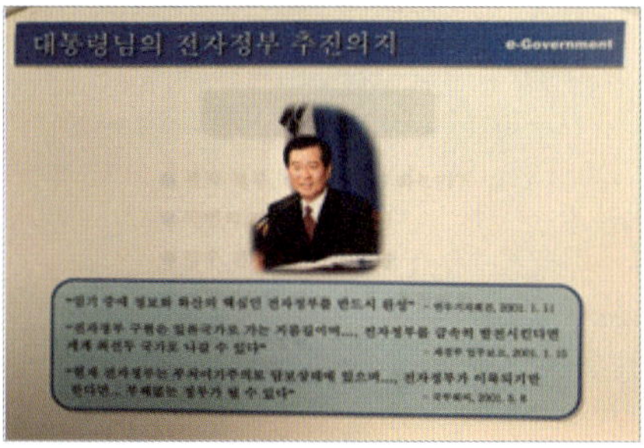

출처: 송희준 이화여대 명예교수

안문석 전자정부특별위원회 위원장은 2001년 5월 17일 위원회 본회의에 참석한 김대중 대통령에게 전자정부 11대 과제의 추진전략과 일정을 직접 보고하였다.

<사진 5> 토플러-제3의 물결

출처: 연세대학교 김대중도서관

김대중 대통령은 투옥 중이던 1981년 초에 이 책을 읽고 지식정보화사회에 대한 이해를 넓혔다.

<사진 6> 주부 인터넷 교실 방문

출처: 연세대학교 김대중도서관

김대중 대통령은 2000년 4월 6일 주부 인터넷 교실을 방문하여 주부들을 격려했다.

<사진 7> 초·중등학교 정보인프라 구축 및 인터넷 연결 기념식

출처: 연세대학교 김대중도서관

김대중 대통령은 2001년 4월 20일에 개최된 초·중등학교 정보인프라 구축 및 인터넷 연결 기념식에 참석하여 학생들을 격려했다.

머리말

송희준

지식 정보 강국의 꿈과 건설

이 책은 국가 정보화와 초고속 통신망, 전자 정부, 디지털 경제와 벤처 산업, 그리고 정보화 교육과 정보 문화 진흥 순으로 김대중 정부의 국가 정보화 인프라 구축과 IT 산업 육성의 역사적 과정을 되짚는다. 이를 통해 오늘날 세계가 부러워하는 IT 강국 대한민국이 어디서 어떻게 시작되었는지를 알아보고자 한다.

1960~1970년대 정치인 김대중은 국회의원과 대통령 후보로서 대중경제론을 내세워 정부 주도, 대기업 중심의 불균형 성장 정책을 비판하였다. 그런 그가 1980년대부터는 지식 정보 강국 패러다임으로 무장하고, 우리나라를 그런 방향으로 대전환하는 꿈을 꾸기 시작하였다. 대통령에 당선된 그는 우리나라를 세계적인 지식 정보 강국으로 만들기 위하여 혼신의 힘을 기울였다.

김 대통령은 자신의 노력을 『김대중 자서전』(2010) 2권에 "지식 정보 강국, 꿈이 현실로"라는 제목으로 담담히 기록해 놓았다.

1998년 1월 대통령 당선인은 국민과의 텔레비전 대화에서 국민이 직접 정책 결정에 참여하는 새로운 정치로서, 유세를 통하거나 안방에서 버튼 하나만 눌러 찬반을 표시한 의견이 모여 정책 결정에 반영되는, 국민에 의한 전자 민주주의를 강조하였다.

1998년 2월 25일 <제15대 대통령 취임사>는 정보화 혁명을 강조하면서, 임기 초기부터 지식 정보 강국을 실현할 의지의 표명이었다. 일반 국민과 언론은 바로 전(前)해인 1997년 11월에 발생한 외환 위기의 극복이 초미의 관심사일 때였다. 바로 그때 김 대통령은 지식과 정보는 국부의 원천으로서 창조적 지식이 높은 부가 가치를 창출하고, 경제를 일거에 일류로 끌어올릴 수 있는 국가 경쟁력의 핵심임을 강조하였다. 세계에서 컴퓨터를 가장 잘 쓰는 나라를 만들어 정보 대국을 만드는 것이 바로 그것이다.

> 세계는 지금 유형의 자원이 경제 발전의 요소였던 산업 사회로부터 무형의 지식과 정보가 경제 발전의 원동력이 되는 지식 정보 사회로 나아가고 있습니다. 정보화 혁명은 세계를 하나의 지구촌으로 만들어 국민 경제 시대로부터 세계 경제 시대로의 전환을 이끌고 있습니다. 정보화 시대는 누구나, 언제나, 어디서나, 손쉽고 값싸게 정보를 얻고 이용할 수 있는 시대를 말합니다. 이는 민주 사회에서만 가능합니다.[1]
>
> 우리 민족은 21세기의 정보화 사회에 큰 저력을 발휘할 수 있는 우수한 민족입니다. 새 정부는 우리의 자라나는 세대가 지식 정보 사회의 주역이

---

1 연세대학교 김대중도서관 편, 『김대중 전집 I』 제1권, 연세대학교 대학출판문화원, 2015, p.70.

되도록 힘쓰겠습니다. 초등학교부터 컴퓨터를 가르치고, 대학 입시에서도 컴퓨터 과목을 선택할 수 있도록 하겠습니다. 세계에서 컴퓨터를 가장 잘 쓰는 나라를 만들어 정보 대국의 토대를 튼튼히 닦아 나가겠습니다.[2]

6개월 뒤, 김 대통령은 1998년 광복절 경축사에서 참여 민주주의 실현, 관치 경제로부터의 해방을 위한 구조 개혁, 보편적 세계주의 가치관 정립, 신노사 문화의 창출, 남북간 교류 협력 시대 개막과 함께 '창조적 지식 기반 국가 건설'을 '제2의 건국' 차원으로 삼자고까지 제안하였다.

김 대통령은 경제 위기는 일시적인 외화 부족이 아니라, 폐쇄적인 통치 체제와 정경 유착 및 관치 금융에 의존한 발전 모델의 구조적 문제에서 유발되었다고 믿었다. 국제 사회의 전문가들과 국민의 의견도 마찬가지였다. 따라서 참여 민주주의와 투명한 정책 결정 시스템을 통하여 민주주의와 시장 경제의 병행 발전이 필요하였다.

김 대통령은 구조 개혁의 질보다 속도를 중시하여 임기 전반에 구조 조정 과제를 신속하게 추진하였다. 아무리 좋은 계획도 시간을 끌면 부작용이 생기고, 정권 초기의 추동력을 상실할 수 있기 때문이다. 30개 대재벌 중 16개 기업을 해체나 구조 조정하고, 부실 투성이이던 은행을 건전화하였다. 노사 관계도 재정립하였다. 그러나 그것은 지금까지 축적된 잘못된 제도와 관행에 대한 교정일 뿐이었다. 앞으로 어떤 방향으로 나아갈 것인가에 대한 비전과 청사진이 절실하였다.

---

2 연세대학교 김대중도서관 편, 위의 책, p.73.

김대중 대통령의 취임사, 제1차 정보화전략회의, 새천년 신년사 등에서 밝힌 정보화 정책의 방향은 정보 대국 건설, 정보화 촉진과 정보 통신 산업 육성으로 외환 위기를 극복하고, 인터넷을 통한 전자 민주주의를 실현하여 지식 정보 강국을 실현하겠다는 것이다.

1998년 2월부터 2003년 2월까지 김대중 정부의 정보화 관련 주요 연표는 다음과 같다. 연표는 "세계에서 컴퓨터를 가장 잘 쓰는 나라"를 만들겠다는 취임식 이후 정보화전략회의, 사이버 코리아 21계획, 초고속 통신망 사업, 전자 정부 등 지식 정보 강국을 향한 발걸음이 5년 동안 쉬지 않고 계속되었음을 보여 준다.

김대중 정부 정보화의 주요 연표

연도	주요 내용
1998.2	취임식, "세계에서 컴퓨터를 가장 잘 쓰는 나라를 만들어 정보 대국의 토대를 닦아 가겠다."
1998.5	제1차 정보화전략회의, 경제 회생 위한 국가 사회 정보화 촉진 방안
1999.3	사이버 코리아 21(제2차 정보화 촉진 기본 계획) 수립
2000.1	새천년 신년사, 지식 정보 강국 강조
2000.6	국민 1000만 명 정보화 교육 계획 발표
2000.12	전국 10,400개 모든 초중등학교에 무료 인터넷 보급 완료
2000.12	전국 144개 지역에 광전송 및 ATM 기반 초고속 국가망 구축 완성
2001.3	<전자정부법> 제정(2001.7.1.시행)
2001.10	OECD, 한국을 초고속 인터넷 보급률 세계 1위 국가로 공인
2002.10	초고속 인터넷 가입자 1000만 명 돌파
2002.11	전자 정부 기반 완성 보고회, 전자 정부 11대 과제 완성

출처: 저자 작성

김대중 정부의 정보화 노력은 초고속 인터넷 가입률 급증, 전자 정부와 전자 상거래 기반 구축, 정보 기술(IT)에 기반한 벤처 산업 진흥, 정보화 교육과 교육 정보화를 통한 인터넷 이용율 급증 등 각종 지표를 통해 확인된다. 특히 이런 노력이 각종 국제기구와 해외 언론에 소개되고, 2002년 월드컵과 아시안 게임을 통해 해외에 전해지면서 지식 정보 강국에 대한 정부의 노력과 국민의 동참을 더욱 강화하였다. 김대중 정부의 정보화 정책은 어떤 전략과 방법을 통해 이런 선순환 고리를 형성하였는가?

김대중 정부가 지식 정보 강국을 구축하기 위해 역점을 둔 네 가지 분야는 다음과 같다. 첫째, 전국 어디에서나 쉽게 인터넷에 접속하여 각종 서비스를 받을 수 있도록 종합 계획을 수립 및 집행하고, 이를 위한 추진·조정 체계 등, 법·제도를 정비하였다.

둘째, 민주주의 과정에 온라인으로 참여하는 전자 민주주의와 민원 행정 서비스를 전자화하고, 행정의 투명성과 책임성을 강화하는 전자 정부이다. 2001년 1월 민관 합동의 전자정부특별위원회를 대통령 직속 정부혁신추진위원회에 설치하고, 4대 부문 구조 조정에 이은 상시적인 정부 개혁의 전략적 수단으로서 전자 정부를 추진하여 투명하고 경쟁력 있는 정부를 구현하고, 이런 기운을 사회 전반에 확산시켰다.[3]

셋째, IMF 경제 위기에 처한 중후장대(重厚長大)한 제조업에 기반한 대기업 중심 경제에서 경박단소(輕薄短小)한 IT 벤처 산업과

3 김대중, 『김대중 자서전』 2, 삼인, 2010, p.443.

융합 기술에 기반한 디지털 경제를 육성하였다. 시장 활성화를 통해 정보 통신 산업을 진흥하고, 해외 시장을 개척한 것이다. 이를 위해 전자정부법에 민간 전문 업체에 외주하는 원칙을 규정하였다. 중후장대한 제조업을 대체 및 보완하는 경박단소한 IT 벤처와 시스템 개발 기업(SI)을 육성하여 수출 시장을 개척하였다. 경제 위기에서 살아남은 대기업은 정보 기술을 이용한 생산성 향상에 박차를 가하였다.

김대중 정부에서 벤처 창업 분위기를 타고 1999년에만 네이버(Naver)와 다음(Daum) 같은 국내의 대표적인 포털 사이트들이 창업되었다. 성공 스토리로 많이 소개된 싸이월드(Cyworld) 같은 소셜 네트워크 서비스(SNS)도 같은 해에 서비스를 시작하였다. 2010년대 이후 싸이월드 대신 카카오톡(kakaotalk)이 널리 이용되고 있지만, 싸이월드는 2000년대 초·중반 우리나라 인터넷 문화를 이끌며 높은 대중적 인기를 누린 전설적인 SNS였다. 2014년 카카오톡을 인수 합병한 다음은 네이버와 더불어 2020년대 현재 한국의 디지털 플랫폼 경제를 이끄는 핵심 업체이다.

넷째, 수요 측면에서 국민과 공무원은 인터넷 기반의 전자 정부 및전자 상거래 서비스를 이용하게 되었다. 이를 위해 정부와 통신 회사들이 협업하여 초고속 통신망을 조기 구축하여 국민이 초고속 인터넷을 이용하게 하였다. 더 나아가 정부는 학생, 군인, 주부, 노인 등 각계각층에 대한 정보화 교육과 교육 정보화를 강화하여, 심화되던 정보 격차를 해소하였다. 또한 각종 해킹이나 컴퓨터 바이러스 등, 정보화 역기능을 해소하여 안전하고 신뢰하는 정보 문화를 구축하였다.

이 네 가지 분야 또는 요소들은 정부 정책과 시장의 수요와 공급 사이의 상호 작용을 통하여 우리나라 정치·행정, 경제·산업, 사회·문화를 새로운 방향으로 한 단계 도약시키는 데 결정적인 기여를 하였다.

이 책은 바로 이 네 가지 역점 분야에 얽힌 이야기들을 소개한다. 김대중 정부 정보화 정책의 입안과 실행 기록에 대한 흥미로운 스토리텔링이자, 성과에 대한 냉정한 평가서인 셈이다.

차 례

I

국가 정보화 전략

오광석

국가 정보화란 무엇인가

지식 정보 강국: 세계에서 컴퓨터를 가장 잘 쓰는 나라

정보화 전도사들과의 연쇄 면담

국가 정보화 정책들

사이버 코리아 21(Cyber Korea 21)

추진 체계 구축과 기술·공학 전문가 중용

김대중 정부 정보화 정책의 특징

지식 정보 강국의 꿈이 현실로

국제 사회의 평가

제1장
국가 정보화 전략

오광석

국가 정보화란 무엇인가

국가 정보화 개념은 알 듯 모를 듯 애매한 부분이 있다. 정보화(informatization)는 산업화 이후의 새로운 비전으로 많이 사용되었으나, 그 범위와 내용이 다소 모호하다.

1996년에 제정된 <정보화촉진기본법>(현재는 <지능정보화기본법>)에서 '정보'란 광(光) 또는 전자적 방식으로 처리되는 부호, 문자, 음성, 음향 및 영상 등으로 표현한 모든 종류의 자료 또는 지식이고, '정보화'는 그런 정보를 생산·유통·활용하여 사회 각 분야의 활동을 가능하게 하거나 효율화를 도모하는 것을 말한다.

정보화는 완성적 개념이 아니라, 컴퓨터와 인터넷 같은 정보 기술을 활용하여 사회를 변화시켜 나가는 과정적 개념이다. 기술 진화에 따라 정보화도 계속 변화할 수밖에 없다. 정보화는 정보 통신 산업의 경제적 비중을 확대하고, 국가 경쟁력을 높이는 핵심 요소이다. 산업 사회에서 증기 기관이 육체의 힘을 확장하여 경제·사회 관계를 변화시켰듯이, 정보 기술은 인간 두뇌의 힘을 확장하여 지식과 정보의 생산량과 유통 속도를 전례 없이 증가시킨다.

정보화 정책은 정부가 정보 통신 인프라와 장비, 자산을 확대하고 정보화 교육 확대 및 정보 격차 해소 등의 활동을 통해 바람직한 사회를 구현하기 위하여 내리는 권위적인 결정이다. 즉 정보 기술을 활용하여 국가 사회를 더욱 바람직한 상태로 변화시키는 것이다.[4]

국가 정보화 정책은 몇 가지 특징이 있다.[5] 첫째, 정보 기술은 발전 속도가 매우 빠르고, 예측이 어려운 불확실성이 존재한다. 따라서 국가 정보화 정책은 고정된 설계일 수 없고, 기술 발전 및 수요 추이에 따라 지속적으로 변화하게 된다.

둘째, 비교적 장기간의 대규모 투자가 필요한 정보화 정책은 사회 전반에 미치는 생산성 증대와 비용 절감 같은 파급 효과도 크다. 그러나 자본을 투자하여 이익을 회수할 때까지 걸리는 회임 기간

4 오광석, 「국가사회 정보화정책의 현재와 미래」, 정보통신정책연구원 편, 『정보통신정책 핸드북』, 법영사, 2005.

5 오광석, 「미국의 NII정책과 우리의 과제」, 최성모 편, 『정보사회와 정보화정책』, 나남출판, 1998, pp.153~176.

(gestation period)도 상대적으로 길다. 고속도로나 다리는 완공되면 즉시 사용할 수 있으나, 정보 기술은 사용자와 관리자가 익숙하게 사용하여 가시적 효과를 내기 시작하는 데 상당한 시간이 소요된다는 뜻이다.

셋째, 정보화 정책은 경제의 지속적 성장과 국민 삶의 질 향상에 효과적 수단을 제공한다. 당면 현안 과제 해결과 국민의 삶의 질 향상 등을 의도하는 수단적 성격과 다단계 인과 관계의 특징을 지닌다.

마지막으로 정보 기술이 확산되자 정보화 정책도 양적으로 확장되고 질적으로 심화된다. 우리나라 정보화는 단기간에 압축 성장한 역동성이 뚜렷하다. 단기간의 압축 성장 이면에는 민간과 시장 부문의 자율적인 변화보다는 '변화 역군(change agent)'으로서 정부의 선도적이고 강력한 정책 드라이브가 있었다. 정부는 정보화 정책 목표를 달성하기 위해 산업 육성 정책과 공급 촉진 정책을 결합하여 자원을 집중 투입하여 새로운 사회를 구현하였다.

정보화 선진국으로 발돋움하기 위한 정부의 적극 개입이 불가피한 정책 현실에서 제일 중요한 부분은 정보화 비전과 안정적 재원이다. 비전은 국가 발전을 주도할 대통령의 청사진과 전략이다. 정보화 비전에 공무원과 기업이 공감하며, 이의 실행에 동참시키는 것이 대통령의 리더십이다. 대통령의 정보화 비전 실현을 위해서는 적극적인 투자가 필요하다. 정보와 지식이 가치 생산의 핵심 요소가 되는 정보화는 자본 집약적 과정이다. 투자는 비전 실천 의지의 구체적인 표현이며, 정보화를 통해 미래에 이루려는 가치에 대한 수단이자 도구이다.

지식 정보 강국: 세계에서 컴퓨터를 가장 잘 쓰는 나라

김대중 대통령은 각종 기념식 연설과 언론 인터뷰, 국무회의나 부처 업무 보고 등, 기회가 있을 때마다 끊임없이 정보화와 전자 정부, IT 산업의 중요성을 강조하였다.

김 대통령이 자주 언급한 주제어(키워드)는 국민과 기업인에 대한 정치적 메시지나 공무원 사회에 대한 정책적 의지의 표명이었다. 연세대학교 김대중도서관 홈페이지 <사료관>에 저장된 김 대통령의 연설문과 인터뷰 중 구조 조정, 정부 혁신, 정보화 정책, 전자 정부 같은, 검색된 핵심 주제어의 분포를 보면 흥미롭다. <표 1-1>에서 알 수 있듯이 김 대통령은 임기 중에 자신의 철학을 구체화하는 정책 의제를 집중적으로언급하였다.

정보화 관련 주제어는 임기 전(196회)과 임기 후(87회)에 비해 임기 중(734회)에 압도적으로 많이 언급되었다. 김 대통령이 5년 임기 동안 국정 동력을 정보화 정책 시행에 많이 쏟았음을 알 수 있다. 분야별로는 정보화(436회)가 가장 많고, 다음으로 IMF 경제 위기 극복을 위한 4대 부문 구조 조정(158회)이 많다. 김 대통령이 정보화와 인터넷 및 초고속 통신망(154회)과 벤처 기업·산업(97회)을 많이 언급한 것은 경제 위기 극복이라는 소극적 차원을 넘어 대안적 경제·사회를 추구하였음을 보여 준다.

<표 1-1> 김대중 대통령의 주요 검색어별 언급 횟수

주요 검색어	1980.1.1.~ 1998.2.24.	1998.2.25.~ 2003.2.24.	2003.2.25.~ 2009.8.31.	합계
구조 조정	49	98	11	158
정부 혁신·개혁, 행정 개혁	3	10	0	13
지식 정보 강국	0	33	0	33
(국가) 정보화	102	281	53	436
전자 정부	1	42	1	44
벤처 기업·산업	26	70	1	97
소프트웨어	11	48	2	61
인터넷, 초고속 (정보)통신망	4	133	17	154
정보 격차, 정보화 교육	0	19	2	21
합계	196	734	87	1,017

출처: 연세대학교 김대중도서관 홈페이지 <사료관>의 <전집보기>

1997년 12월 제15대 대통령 선거를 앞두고 김대중 후보는 '과학 기술 대국과 정보 주도 국가 구현: 전자 정부 실현과 CIO제 도입'을 대통령 공약으로 내세웠다. CIO는 기관의 의사 결정에 영향력을 행사할 수 있는 최고 정보화 책임관을 말한다. 당선이 확정된 직후 대통령 당선인은 외환 위기 극복을 위해 IMF와의 합의 사항을 준수하고, 민주주의와 시장 경제의 병행 발전을 추진하겠다고 선언하였다.

제15대 대통령직 인수위원회가 1998년 2월에 최종 선정한 10대 국정 과제 중 정보화는 '과제 9: 21세기형 인프라 구축' 속에 정보 유통망 건설, 정보 통신 산업 육성, 정보화 교육 등 세부 과제로 구체화되었다. 세부 내용은 상당 부분 이전 정부와의 연속성에 중점을 두었다. 즉 '세계에서 컴퓨터를 가장 잘 쓰는 나라'의 구현에 필요한 김대중 대통령의 비전과 실천 의지를 체계적으로 뒷받침하기에는 다소 약한 형태로 표현되었다. 김대중 정부의 집권 초반기 1년은 가장 중요한 현안 과제인, 외환 위기로 유발된 경제 위기 극복과 금융·기업·공공 부문·노동의 4대 부문 개혁에 치중하였기 때문이다.[6]

<표 1-2> 국정 과제와 추진 시기

10대 국정 과제	과제별 내용
9. 21세기형 인프라를 구축한다.	<정보화 촉진> 86. 정보화 물결 대비는 정보 유통망 건설부터, 87. 정보 통신 산업을 경제의 중추신경으로, 88. 정보화 교육으로 컴퓨터를 가까운 친구로,

Code	실천 과제	추진 시기			주관 기관
		1998	1999	2000-2002	
86-1-1	초고속 기간정보통신망 구축	→	→	→	정보통신부
86-2-3	컴퓨터 2000년 표기 문제 해결 지원	→	→		정보통신부
87-2-1	공공 부문 전산 관리 통합 방안 마련	→			정통부, 행자부, 기획예산위
88-1-4	컴퓨터 사용 능력을 대입 전형 자료로 활용	→	→	→	교육부

출처: 기획예산위원회, 「국민의 정부 국정 과제 국무회의 상정 안건」, 1998.6.20.

김 대통령은 정보화전략회의를 통해 범정부 및 부처별 정보화 현안을 꾸준히 챙겼다. 전략회의에는 관계 장관 외에 민간 전문가도 참석시켰다.

취임 후 3개월이 된 1998년 5월 21일, 김 대통령은 제1차 정보화전

6 https://agendanet.co.kr/zb41pl7/bbs/view.php?headfile=&footfile=&id=pol_sub1&no=17

략회의를 직접 주재했다. 이날 회의에서 김 대통령은 "경제 위기를 극복하려면 금융기업 구조 조정과 정부 구조 개혁이 최우선 과제"이고, "조직 생산성과 효율성을 높이기 위해 정보 기술(IT)을 최대한 이용해야 한다."라고 강조했다. 정보화 촉진과 정보 통신 산업 육성을 통하여 단기적으로는 외환 위기를 극복하고 경제 사회의 고비용 구조를 개선하며, 장기적으로는 21세기 지식 정보 사회의 기틀을 마련하겠다는 김 대통령의 실천 의지를 확인한 것이다.

그 이후 초고속 정보 통신 기반의 조기 구축, 정보 격차 해소를 비롯하여 'Cyber Korea 21' 계획과 전자 정부 구축 사업 등이 대통령 프로젝트로서 중점 관리되었다. 부처 수준에서도 정보화 근로 사업 등, 다양한 정보화 프로그램 및 프로젝트가 보고되고 집행되었다.

김 대통령은 취임 6개월 후인 1998년 8월 15일 대한민국 정부 수립 50주년 경축사에서도 지식 기반 국가 건설을 통한 제2의 건국을 천명하였다. 그 이후에도 지식 정보 강국의 기틀을 마련하겠다는 추진 의지를 기회가 있을 때마다 거듭 역설하였다.

김 대통령이 2000년 1월 3일 <신년사>에서 지식 기반 국가 건설을 지속적으로 강조함에 따라 정부는 지식 기반 경제를, 기업은 지식 관리 시스템을, 그리고 개인은 지식 근로자로의 육성을 21세기 새로운 국가 비전과 전략으로 추진하였다.

> 새천년은 또한 지식 혁명의 시대입니다. 지식과 정보가 국가 경쟁력의 원천이 되고 있습니다. 지식 혁명과 인터넷 혁명이 세계를 변화시키고 있

습니다.

새천년에는 인터넷 등을 통한 국민의 직접적인 참여 속에 전자 민주주의가 실현될 것입니다. 국민의 적극적인 참여와 감시 속에 부정부패가 일소되는 깨끗한 나라를 만들어야 하겠습니다. 정부는 올해부터 '인터넷 신문고'를 창설하여 국민으로부터 직접 고발을 받고, 국민과 함께 국정을 개혁해 나가겠습니다.

21세기는 지식 정보의 시대입니다. 정부는 국민 여러분과 더불어 총력을 다하여 노력함으로써 세계 10대 지식 정보 강국을 반드시 이룩해 나가겠습니다. 이를 위하여 정부는 2010년 목표의 초고속 통신망을 2005년까지 앞당겨 완성하고자 합니다. 이에 앞서 정보 유통 속도가 현재보다 1,000배 빠른 차세대 인터넷을 개발할 것입니다.[7]

2000년 4월에 개최된 제4차 정보화전략회의에서 김 대통령은 "지난 2년 동안 외환 위기 극복에 노력해서 우리가 성공했다고 평가받는데 그에 못지않게 그야말로 지식 정보화 시대에 대비한 정보화 정책이 보다 더 많은 평가를 받고 있다. 해외의 전문가들은 그렇게 보고 있다."[8]라고 만족감을 표하였다. 집권 초반 구조 개혁의 압박에도 정보화 정책이 제 궤도에 진입하였다는 자신감의 표현이었다.

---

7 연세대학교 김대중도서관 편, 『김대중 전집 I』 제1권, 연세대학교 대학출판문화원, 2015, p87, p.88, p.90에서 부분적으로 인용.

8 대한민국 정책브리핑, 보도자료: 제4차 정보화 전략회의 대통령 말씀. https://www.korea.kr/briefing/pressReleaseView.do?newsId=30017505

정보화 전도사들과의 연쇄 면담

컴퓨터를 잘하지 못한 김 대통령이 정보화를 중시하게 된 것은 개인적으로 특별한 계기가 있었다. 내란 선동 혐의로 청주교도소에 수감 중이던 그는 1981년 초, 부인 이희호 여사가 넣어 준 앨빈 토플러의 『제3의 물결(The Third Wave)』을 읽고 정보화 시대의 도래를 알고 깜짝 놀랐다. "그때 충격이 아직도 생생하다. 몇 번을 정독했다. 말할 수 없을 정도의 감명을 받았다. 만일, 국가를 경영하게 되면, 지식 정보 강국을 만들겠다!"라고 결심하였다고 회고했다. 그리고 제15대 대통령에 당선됨으로써 오랜 기간 간직한 꿈을 현실로 바꿀 기회를 잡은 것이다.

당선 직후부터 김대중 대통령은 정보화 전도사들을 연쇄 면담하고, 지식 정보 강국의 꿈을 실현하는 의지와 전략을 다졌다. 앨빈 토플러, 소프트뱅크의 손정의 회장, 마이크로소프트의 빌 게이츠 회장 등은 김 대통령에게 '지식 정보 강국의 길을 제시한 조언자이자 스승'이었다. 미래학자는 지식 정보 강국 건설에 영감을 주었고, 세계적으로 성공한 IT 기업가들은 구체적인 방법과 전략을 제안하였다.

김대중 대통령은 1998년 4월과 2001년 6월, 두 차례에 걸쳐 앨빈 토플러를 만났다. 토플러는 김 대통령에게 지식 정보 사회의 도래를 알려 주고 영감을 불어넣어 주었다. 토플러는 "정보화라든지 새 시대의 중요성에 대해 정확한 인식을 갖고 중요성을 알고 있는 지도자가 많지 않은데 김 대통령께서는 이를 충분히 인식하고 그에 따른 비전을 갖고 있는 데 대해 높이 평가한다."[9]라고 김 대통령에게 자신감을높여 주었다.

토플러는 <위기를 넘어서: 21세기 한국의 비전> 이라는 제목의 보고서에서 "기업, 노동조합, 시민 사회, 학교를 변화시켜 새로운 사회를 건설하는 기반을 다지도록, 정부 자신이 e-정부를 넘어서는 변화를 새롭게 해야 한다."라고 진단하였다. 그리고 4대 부문 구조 조정 결과 발생한 대량 실업의 대책으로 김대중 정부가 수립한 중소·벤처기업 육성 방안을 적극 지지하기도 하였다.[10]

1998년 6월 3일, 손정의 소프트뱅크 회장을 만난 김 대통령의 한국 경제가 살아 나갈 길에 대한 질문에 손 회장은 "첫째도 브로드밴드, 둘째도 브로드밴드, 셋째도 브로드밴드이다. 한국은 브로드밴드에서 세계 최고가 되어야 한다."[11]라고 하면서 초고속 통신망 구축을 강조하였다. 손 회장의 이 같은 답변에 빌 게이츠 역시 전적으로 동의했다. 당시 생소한 용어이던 '브로드밴드'는 초고속 인터넷을 사용하기 위한 광대역 통신망을 말한다.

김 대통령은 "닷새 전에 빌 게이츠 씨가 왔는데, 앞에 앉아 보니까 미국 사람이지만 키도 저보다 작은 것 같고 얼굴도 특별히 그렇게 대단한 것 같지도 않았는데, 그의 머리에서 나온 지혜와 능력이 20년 만에 그를 세계 최고의 부자, 500억 불이 넘는 부자로 만들어 버

9 김대중, 『김대중 자서전 2』, 삼인, 2010, p.439.

10 Toffler Associates·정보통신정책연구원, 「위기를 넘어서: 21세기 한국의 비전보고서」, 2001.6.

11 김대중, 앞의 책, p.439.

렸다. 지금 그는 전 세계, 정보 사회를 지배하는 사람이 되었다."[12]라고 부러워하였다. 김 대통령은 한국에서 그런 기업가들이 많이 나오기를 간절히 기대하였다.

앨빈 토플러, 손정의, 빌 게이츠는 김 대통령에게 지식 정보 강국의 길을 제시해 준 조언자이자 스승이었다.[13] 앞서 얘기한 바와 같이 지식 정보 강국 건설에 저명한 미래학자가 영감을 주었고, 세계적으로 성공한 IT 기업가들이 구체적인 방법과 정보를 더해 주었다.

국가 정보화 정책들

이전 정부들도 정보화의 중요성을 분명히 인식하고 당시에 구상할 수 있었던 각종 사업을 시행하였다. 김대중 대통령은 이런 과거 정부에서 추진했던 정보화 기반과 계획을 발전적으로 계승하려고 노력하였다. 그러나 이전 정부와는 차별성도 크다. 특정 정책과 산업 분야 차원을 떠나 범국가적 정책과 범사회적 운동을 통하여 패러다임 전환을 시도한 것이다.

우리나라 국가 정보화의 출발점은 1980년대 중반부터 추진된 국가 기간 전산망 사업이다. 제1단계 사업(1987~1991)은 행정, 금융, 교육 연구, 국방, 공안 등 5대 국가 핵심 데이터베이스을 구축하고,

---

12 1998년 7월 김대중의 인촌기념강좌 제13회 강연「우리 민족을 생각한다」에서 인용. 녹취록의 출처는 http://image.donga.com/2018Incheon/pc/data/lecture_13.doc

13 김대중, 앞의 책, p.439.

제2단계 사업(1992~1996)은 행정 정보 공동 활용을 위한 전산 시스템의 연계 운영을 중점 추진하였다. 5대 핵심 데이터베이스 중 제1차 행정 전산망(1987~1991)은 주민, 부동산, 자동차, 통관, 고용, 경제 통계의 6대 사업으로 구성되었는데, 그 효과가 상당히 컸다고 평가되었다.

제2차 행정 전산망(1992~1996)은 국민 복지, 우체국 종합 서비스, 기상 정보 관리, 해상 화물 관리, 지적 재산권 정보 관리, 물품 목록 관리, 어선 관리 등 7개 업무였는데, 1차 사업들보다 국민 생활 파급 효과와 가시적 성과는 낮았으나, 범국가적인 전산화 기반의 지속적인 구축에 성공하였다고 평가받았다.

1990년대 글로벌화와 함께 온 정보화 시대에 대응하여 "산업화는 늦었지만, 정보화는 앞서가자."라는 구호로 형성된 국민적 공감대는 국가 정보화 추진에 촉매제가 되었다. 김영삼 정부는 21세기 '아시아의 정보 중심 국가 건설'이라는 목표를 세우고 정보화를 통해 국가 경쟁력을 향상시키고자 노력하였다. 경제 정보화로 개방화에 대비하고, 지역 정보화와 개인 정보화로 2000년대 정보화 시대에 대비한다는 것이다.

이를 위해 김영삼 정부는 1994년 12월 체신부를 정보통신부로 개편하여 국가 정보화와 정보 산업 정책을 전담시켰다. 또 1995년 <정보화촉진기본법>을 제정하여 범국가적 차원에서 정보화의 법적 기반을 마련하고, 정보화추진위원회를 구성하여 정보화 촉진 기본 계획과 부처별 실무 계획을 추진하였다.

제1차 정보화 촉진 기본 계획(1996~2000)은 정보화 중점 과제 선정과 추진, 핵심 응용 서비스 개발, 초고속 정보 통신망의 조기 구축, 정보 통신 산업의 기반 조성, 법·제도 정비 등 6개 부문에서 10대 중점 과제를 선정하였다(정보통신부고시 제1996-50호). 기본 계획은 2010년까지 세계 최고 수준의 정보화를 달성하기 위해 3단계별 달성 목표와 과제를 설정하였다. 제1단계(1996~2000)는 정보화 기반을 조성하고, 2단계(2001~2006)는 각 분야의 정보 활용을 확산하며, 3단계(2006~2010)는 정보 활용의 질적 수준을 고도화하는 것이었다.

선진국들은 정보화 기반 조성은 민간 부문에서 하고, 활용 촉진은 정부가 하도록 역할을 분담하였다. 그러나 당시 우리나라는 정보 통신 부문의 민간 역량이 부족하여 정부가 선도 투자 및 촉진 정책을 통하여 기반 조성에 나서야 했다. 이에 김영삼 정부는 제1차 기본 계획의 10대 중점 과제에 약 10조 원을 투입하였다.[14]

구체적으로 정부 부처 및 공공 기관의 전산화에 주력하여 고속 행정 정보망을 구축하고, 행정 전산망을 연계해 민원 서비스를 원스톱으로 처리하는 사업을 추진했다. 2000년까지 공무원 1인당 1PC 정책을 추진하고, 공무원 정보화 교육을 강화하였다. 사회 간접 자본의 정보화 추진, 물류 비용 절감을 위한 종합 물류 정보 시스템 구축, 국가 지리 정보 시스템(GIS), 지능형 교통 시스템(ITS)도 2000년 내

14 한국전산원, 「정보화 촉진 기본 계획 (1996-2000) 해설서」, 1996, pp.29~30.

에 도입하기로 하였다.

기본 계획은 정보화 인재를 양성하고, 교육 정보화를 위해 2000년까지 초·중·고교의 1개 교 2컴퓨터 실습실을 마련하고, 이를 초고속 정보 통신망에 연결하기로 했다. 또 지역 정보화를 위해 지역 단위 정보 센터를 운영해 정보 이용 격차를 줄이는 계획도 선보였다.[15]

역대 정부가 추진한 주요 정보화 정책을 소개하면 <표 1-3>과 같다. 행정 등 국가 핵심 정보의 데이터베이스를 구축하는 국가 기간 전산망 사업은 제1차(1987~1991)와 제2차(1992~1996)에 마무리되었다.

20년의 장기적인 계획으로 출발한 초고속망 기반 구축 사업은 김영삼 정부에서 기반 구축을 거쳐 김대중 정부에서 실질적으로 그 기반이 완성되었다(제4장에서 다룸). 김영삼 정부에서 시작된 정보화 촉진 기본 계획은 김대중 정부에서 사이버 코리아 21 사업으로 개편되어 추진되었고, 그것이 마무리되자 이전처럼 제3차 정보화 촉진 기본 계획으로 복귀하여 추진되었다. 그리고 11대 사업으로 구성된 전자 정부는 김대중 정부에서 제1차 사업을 마무리하였다(제2장에서 다룸). 노무현 정부에서 11대 사업의 후속으로 31대 로드맵 사업이 추진되었다.

15 컴퓨터월드, 「문민정부 정보화의 기틀 마련하기」, 2017.11.1. https://www.comworld.co.kr/news/articleView.html?idxno=49329

<표 1-3> 역대 정부의 정보화 관련 계획들

연도	93	94	95	96	97	98	99	00	01	02	03	04	05	06	07
정부	김영삼					김대중					노무현				
국가 기간 전산망	제2차 (종료)														
초고속 통신망 구축 사업			제1차 (기반 구축)			제2차 (기반 완성)			제3차 (고도화)						
정보화 촉진 기본 계획				제1차			제2차 (CK21)				제3차				
전자 정부									제1차 (11개)		제2차 (31대 로드맵)				

출처: 송희준·조택, 「한국의 전자정부: 성과와 과제」, 『정보화정책』, 2007, vol.14, no.4, p.24.

사이버 코리아 21(Cyber Korea 21)

김대중 대통령은 6.25 이래 최대 국난이라는 외환 위기 상황에서 제15대 대통령으로 당선되었다. 그에게는 경제 위기 극복과 지식 정보화라는 구조 전환의 커다란 난제가 기다리고 있었다. 한국 사회는 원하든 원하지 않든 IMF 금융 위기의 충격 속에서 사회 전체의 근본적인 변혁을 추진해야만 했다. 21세기 지식 기반 국가로의 전환을 위해서는 정보화 정책의 추진 방향을 새롭게 정립해야 하는 시점이었다.

지금까지의 정보화는 주로 정보 통신 기반 구축에 초점이 맞추어져 있었다. 그러나 지식 정보 사회에서는 산업, 교육, 행정 등 다른 부문과 긴밀히 연계하여 지식·정보의 유통과 활용을 촉진하고, 부가가치를 높이는 근본적인 변화가 요구되었다.

이에 따라 김 대통령은 외환 위기 극복과 함께 지식 정보 사회의 새로운 정보화 방향을 제시하는 데에 중점을 두었다. IMF 구제 금융 환경에서 가속화되고 있는 구조 조정 노력이 그동안 누적된 비효율 구조의 개혁과 경쟁 체질 강화로 가시화되기 위해서는 정보화의 전략적 활용이 핵심 요소임을 강조하였다. 다시 말해 경제 사회 전반의 구조 조정 노력을 뒷받침하기 위한 정보화와, 경제를 재건하고 산업 기반을 첨단화하기 위한 정보화를 중점 추진하였다. 김대중 정부가 정보화를 중요하게 인식했지만, 구조 조정과 IT 산업에만 주목했다는 비판이 제기되는 대목이기도 하다.

앞에서 언급한 바와 같이, 1990년대 중반 이후 국가 주도의 정보화 정책이 추진되었다. 그러나 우리의 국가 경쟁력과 정부 경쟁력은 선진국에 비해 크게 뒤지고 있어 김 대통령 임기 내에 21세기 지식 정보화 선진국으로 발돋움할 수 있는 기틀을 마련해야 한다는 요청이 대두되었다. 당시 스위스에 있는 국제경영원(IMD)이 평가한 1995~1998년의 국가 경쟁력 순위는 각각 24위 → 27위 → 30위 → 35위로, 정부 경쟁력 순위는 18위 → 33위 → 32위 → 34위로 하락하였다.[16] 우리와 달리 미국 등 선진국들은 정보 기술 활용을 핵심 수단으로 삼아 행정 개혁과 정보 기술을 결합하여 국가 경쟁력을 강화하는 계획을 수립하여 추진하고 있었다.

급속히 전개되는 정보 혁명의 물결에서 국가 경쟁력이 지속적으

16 IMD, The IMD World Competitiveness Yearbook 1995~1998.

로 저하되는 상황에 신속히 대응하지 못하면 우리의 국가 발전 잠재력이 크게 제약받게 되어 선진국으로의 진입이 어려워진다는 위기의식이 크게 대두되었다. 이러한 배경하에 김대중 정부는 소극적으로 정보 사회로의 전환 과정에 적응하기보다는 정보화를 적극적으로 국가 발전의 핵심 수단으로 활용하는 편을 택했다.

김대중 정부 출범 직후에는 IMF 경제 위기 극복이 국민과 언론의 초미의 관심사이던 상황이었기 때문에 지식 정보 강국 건설을 위한 비전을 실현하는 정부 차원의 집중과 몰입이 다소 미흡했던 것으로 평가된다. 김 대통령의 지식 정보 강국 추진 의지는 취임 1년 후인 1999년 3월, '사이버 코리아 21 계획(Cyber Korea 21)'이라는 창조적 지식 기반 국가 건설을 위한 정보화 비전과 실천 전략으로 비로소 구체화되고, 체계적으로 추진되었다. 정보화 추진 기본 계획을 3년 주기로 단축한 사이버 코리아 21을 1999년부터 시행함으로써 정보 인프라의 조기 구축, 정보 인프라를 활용한 정부·기업·개인의 생산성 및 투명성 제고, 정보 인프라를 활용한 일자리 창출, 그리고 정보 통신 품목의 수출 전략 상품으로의 집중 육성이 추진되었다.

사이버 코리아 21은 제2차 정보화 촉진 기본 계획(1999~2001)이다. 이것은 원래 5년으로 설계된 제1차 정보화 촉진 기본 계획의 실행기간(1996~2000)을 IMF 경제 위기 극복 차원에서 3년으로 단축하고, 정보화를 국가 경영의 최우선 과제로 제시한 김대중 정부의 기본 계획이다. 국가 경쟁력 향상과 사회 전반의 구조 개혁 추진을 위한 핵심 전략으로, 정보화를 추진하겠다는 의지를 표명한 것이다. IMF 경제 위기 극복 이후 정보화를 통해 경제를 뒷받침할 방안을 새롭게 찾던 것이 사이버 코리아 21을 만든 중요한 계기였던 셈이다.

사이버 코리아 21은 김 대통령의 잔여 임기 4년간의 역점 정책 과제로 창조적 지식 기반 국가 건설을 위한 정보 인프라 확충, 지식 정보 기반을 활용한 국가 전반의 생산성 향상, 정보 인프라를 활용한 새로운 비즈니스 육성 등을 제시하였다. 특히 인터넷 인프라에 과감하게 투자하고, 전 사회적 정보화 흐름을 이끌었다. 당시 주로 사용하던 PC 통신을 넘어 초고속 인터넷 시대를 열었다.

정보화 정책 관점에서 김대중 정부의 5년을 한마디로 요약하면 '인터넷 시대의 개막'이다. 사이버 코리아 21은 당시 인터넷으로 대표되는 새로운 시대적 흐름과 이를 위한 정책적 과제를 망라하였다. 특히, 세계 10위권의 지식 정보화 선진국으로의 도약을 위해 정보 인프라를 조기에 구축하여 인터넷 이용 환경을 고도화하고, 전 국민 정보화 교육을 실시하여 2001년까지 인터넷 사용자를 1000만 명 이상으로 늘릴 계획을 세웠다. 문민정부가 2006년까지 제2단계의 중점 추진 과제로 선정한 각 분야별 정보 활용 확산을 사이버 코리아 21의 계획 기간 안에 앞당겨 완료하려는 것이었다.

이러한 계획에 따라 ① 지식 정보 사회의 기반인 정보 인프라 조기 구축, ② 고속·고도화된 정보 통신망과 정보 기술을 활용하여 정부, 기업, 개인 등 모든 경제 주체의 생산성과 투명성 제고, ③ 정보 인프라를 활용한 새로운 비즈니스 창출, ④ 정보 통신 산업 활성화를 통한 새로운 일자리의 획기적 마련, ⑤ 정보 통신 수출 전략 상품의 기술 개발 집중 지원이 중점 분야로서 추진되었다.

이처럼 사이버 코리아 21은 정보 인프라를 조기 구축하여 새로운 정보화에 앞서 나가려는 의지 표명과 더불어, 인터넷 중심의 경제·사회적 변화에 대한 종합적인 지원 방향을 제시함으로써 정보화 부문의 괄목할 만한 성장을 실질적으로 뒷받침하게 되었다.

김대중 정부가 추진한 인터넷 정책은 초고속 인터넷 부문의 전략적인 투자로 정보 이용의 저변을 확대하고, 정보 통신 산업의 경쟁력을 강화하였다. 인터넷 정책은 크게 인프라와 콘텐츠로 구분해 평가하는데, 김대중 정부의 인프라 부분은 전국 어디서나, 국민 누구나 초고속 인터넷을 이용할 수 있는 환경의 구축이었다.

국가 기간망을 구축하는 초고속망 사업은 기획했던 1990년대 초 중반과 비교하여 시장과 기술에 커다란 변화가 있었다. 그 변화의 중심에는 인터넷과 이동 전화가 있었다. 김대중 정부의 초고속망 사업은 이러한 변화를 적극 수용하여 인터넷 인프라로 구축하고, 2000년 12월 초고속망 2단계 사업이 조기 구축됨으로써 네트워크의 활용도를 제고하고 인터넷 서비스를 활성화하는 토대가 마련되었다.

정부의 선도적인 투자로 짧은 기간에 초고속 인터넷 환경을 구축한 것은 많은 국가의 부러움의 대상이 되었다. 국토가 좁고 대단위 아파트 주거 형태가 망 구축에서 초고속 인터넷을 압축적으로 확산하는 기회가 되었다. 당시 우리나라 전체 가구의 90% 이상이 전화국 교환기의 반경 4km 이내에 있었고, 아파트와 연립 주택 같은 대단위 주거 비율이 60%에 근접하였다.

인프라에는 미치지 못했지만, 콘텐츠도 조금씩 꽃을 피우고 있었고 일반 국민들도 인터넷을 활용하기 시작한 단계였다. 그러나 사이버 코리아 21 계획을 착수하기 직전 해인 1998년만 해도 우리나라는 낮은 정보화 확산으로 기준 인구 100명당 인터넷 이용 인구가 7명에 불과하여 OECD 31개 국가 중 20위의 하위권 수준이었다.

그런데 2000년대 초반부터는 인터넷 이용이 폭발적으로 확산되어 전자 상거래를 이용하며 온라인 뱅킹과 온라인 증권을 이용하기 시작했다. 1999년 37만 가구에 불과하던 인터넷 가입자가 2002년 10월 1000만 가구를 넘어섰다.[17] 말 그대로 전 국민이 인터넷을 자유롭게 이용할 수 있는 나라가 된 것이다.

추진 체계 구축과 기술·공학 전문가 중용

김대중 정부는 지식 정보 강국을 만들기 위해 정책 역량과 행정 자원 투입에 집중하였다. 첫째, 국가 정보화의 분야별 전문화를 강화하기 위하여 <정보화촉진기본법>에 의거한 국무총리 소속 정보화추진위원회(위원장: 국무총리, 간사: 정보통신부 장관)와 실무위원회(위원장: 국무조정실장, 간사: 정보통신부 실장), 정보화 사업 관련 임시회 의체인 정보화전략회의, 그리고 대통령 직속의 정부혁신추진위원회 및 전자정부특별위원회의 세 가지 추진 체계를 활용하였다(<그림 1-1>).

17 한국전산원, 『한국인터넷백서 2003』, 2003.

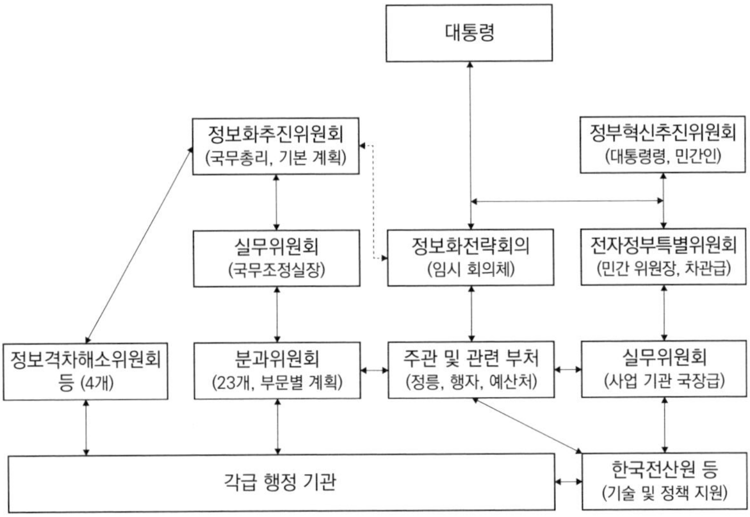

<그림 1-1> 김대중 정부의 정보화 추진 체계(2001년 3월 현재)

출처: 집필자 작성.

정보화추진위원회에서 국무총리실과 정보통신부는 실무위원회를 중심으로 23개 분과위원회의 기관별 정보화 과제를 관리하고, 다부처, 범부처 공통 과제를 협의 및 조정하였다. 이 과정에서 부처간 힘겨루기가 빈번하게 일어났다. 실무 부처인 정보통신부는 우편과 전신 전화 정책을 담당하던 체신부가 1994년 조직 개편에서 확대 개편된 것이다. 정보통신부는 컴퓨팅에 관한 업무 전문성을 가지고 정보화촉진기금이라는 재정적 수단도 갖고 있어서 정보 통신 관련 업무를 총괄하는 부처였다. 또 산하에 한국통신(KT)와 이동통신, 한국전산원(현 지능정보사회진흥원) 같은 공공 기관을 관장하였다.

정보화전략회의는 대통령이나 국무총리가 주로 정보화나 현안 경제를 직접 주재하는 비상설 회의체였다. 1998년 5월 21일 청와대에서 김대중 대통령이 직접 주재한 제1차 회의에서는 정보통신부의 경제 회생을 위한 정보화 촉진과 정보 통신 산업 육성, 행정 자치부의 공공 부문 구조 개혁을 위한 전자 정부 구현, 기획예산위원회의 공공 부문 정보 자원 관리 개선 방안 등, 부처별로 일상적으로 추진하는 정책과 사업이 논의되었다.

정보화추진위원회와 정보화전략회의는 분권적, 분산적이고, 임시적인 특성을 가지고 있었다. 이런 문제점을 파악한 집권 여당과 기획예산처, 행정자치부, 정보통신부 등도 나름대로 자기중심적인 추진 체계를 제안하였으나, 명분과 이해관계가 얽혀 부처 간 합의에 이르지 못하였다. 대통령이 자신의 지식 정보 강국을 위한 국가 정보화와 전자 정부 의제를 직접 주도하는 조직은 없었다. 이에 따라 김대중 대통령은 2000년 말에 대통령이 전자 정부 사업을 직접 관리하는 전자정부특별위원회를 대통령 직속 정부혁신추진위원회에 설치하였다.

둘째, 김대중 정부는 대통령 의제인 국가 정보화와 전자 정부를 강력하게 추진하기 위해 이전 정부에서 설치한 정보화촉진기금을 적극 활용하였다. 정보통신부가 관리하는 정보화촉진기금은 경직적인 단년도 일반 예산 운용의 한계를 극복하고 신축적인 다년도 정보화와 전자정부사업에 투입되었다. 기금은 매칭 펀드(matching fund)로 투입되어 부처들의 사업 참여 의욕을 높이는 인센티브 시스템으로 기능하였다. 정보화 사업의 강력하고 신속한 추진에 필요한 재원 확보를 위해 기획 예산 부처 출신자들이 정보통신부 장관에 많이 임명되기도 하였다.

셋째, 관련 법·제도의 정비이다. 김대중 정부는 지식 정보 사회에 적합한 법·제도적 환경을 조성하기 위해 매년 정보통신정책연구원(KISDI)을 주관 기관으로 하여 정보화 관련 법·제도를 조사 연구하였다. 그 결과를 바탕으로 관계 부처 협의를 거쳐 매년 정비 대상 법령을 선정하여 2001년 말까지 180여 개 법령을 제·개정하였다. 그 속에는 <전자정부법>과 <전자서명법> 같은 핵심 법률도 포함된다.

넷째, 김 대통령은 정보화를 총괄하는 부처인 정보통신부 장관에 컴퓨터와 전자공학 등 과학 기술 전문가를 중용하였다. 김영삼 대통령은 1994년 말에 신설한 정보통신부의 초대 장관에 경상현 전자통신연구원(ETRI) 원장을 임명한 후, 2명의 후임 장관에 경제기획원 출신인 이석채와 강봉균을 임명하였다. 그러나 김대중 대통령은 김영삼 대통령에 비해 공학 전공에 기술 개발과 현장 영업에 경험이 풍부한 인사를 더욱 중용하였다.

김대중 대통령은 5명의 정보통신부 장관을 임명하였다. 그중 4명은 배순훈 대우전자 사장, 남궁석 삼성 SDS 사장, 양승택 전자통신연구원(ETRI) 원장, 이상철 한국통신(KT) 사장 등 대학에서 이공계를 전공한 뒤 국책 연구 기관과 기업체에서 휴대 전화에 탑재하는 코드 분할 다중 접속 기술(CDMA) 등의 개발에 참여하거나, 전자 통신 제품의 국제적 영업 현장에서 뛴, 풍부한 경험을 가진 저명한 공학자들을 임명하였다. 유일하게 안병엽 장관은 경제기획원에서 근무한 예산 전문 관료 출신이다. 김 대통령이 기술 개발과 현장 경험을 가진 기술자·공학자들을 적재적소에 배치하는 원칙을 중시하였음을 보여 준다.

김대중 정부 정보화 정책의 특징

한국은 IMF 경제 위기를 맞은 직후인 1998년도 경제 성장률이 -6.9%로 급감하고, 실업률은 7%로 상승하였다. 이러한 경제 위기 속에서도 21세기의 가장 큰 변화를 지식 정보 사회 출현으로 보고, 정보화와 정보 통신 산업의 발달이 경제를 견인할 동력이 될 것으로 확신하였다. 이에 정보화와 IT 산업에 대한 국가 경쟁력 강화에 우선 순위를 둔 정책 목표를 설정하였다.

그러나 국가 사회 정보화의 적극적인 추진이 절실한 시기에 찾아온 경제 위기가 예산 축소 등 정보화 추진 의지에 많은 걸림돌로 작용하였다. 그럼에도 불구하고 정보화를 구조 조정의 주요 핵심 수단으로 활용하여 IMF 체제를 조기에 극복하고, 미래 성장 동력인 IT 산업의 국가 경쟁력을 강화하는 데 주력했다.

이것은 김 대통령의 강력한 의지가 투영된 국정 운영 기조였다. 국가 산업 기반과 경제 구조의 심각한 구조 조정이 요구되고 있는 상황에서 '위기를 기회로' 바꾼 김 대통령의 리더십이 일구어 낸 획기적인 변화였다.[18] 고난을 극복해 오히려 기회로 삼는다는 『손자병법』의 '이환위리(以患爲利)'로 내재된 기회를 포착하여 지식 정보 강국의 꿈을 현실로 만들어 간 정보화 여정이었다. 김 대통령 자신도 관료들이 무모하다고 여길 정도로 밀어붙였고, 그래서 일부에서

18 대한민국 정책브리핑, https://www.korea.kr/briefing/pressReleaseView.do?newsId=30017505

불평도 있었다고 회고하였다. 빛과 같은 속도로 변하는 디지털 시대에 한 번 뒤처지면 도저히 따라잡을 수 없을 것이라는 판단에서였다. 제4차 정보화전략회의에서 오명 한국정보문화운동협의회장은 "김대중 정부에서 정보화가 이렇게 세계적으로 가장 빨리 된 것은 기적 같은 일이다. 이것은 국가 원수가 직접 리더십을 가지고 했기 때문"이라고 평가했다.[19]

김대중 정부는 지식 정보 혁명이라는 변화의 물결을 새로운 기회로 인식하여 정보화 촉진과 IT 산업 육성에 국가적인 역량을 집중하였다. 우선 통신 인프라 및 정보화 부문에 대한 대규모 투자와 정보화 교육을 지속함으로써 초기 단계에 있던 IT 산업이 필요로 하는 수요 기반을 확대하였다. 이를 통해 성장한 IT 산업이 다시 통신 인프라의 고도화와 정보화 촉진에 기여하는 선순환 구조를 실현하였다.

김 대통령이 취임사에서 밝힌 지식 정보 강국 건설은 경제 패러다임의 전환이 필수적이고, 이는 다시 정보화 정책의 중대한 변화를 요구한다. 정보 통신이 지식 기반 경제의 핵심으로 부각되면서 정보화 정책과 다른 부문의 연계가 한층 강화되어야 한다. 물론 예전에도 정보화 정책과 다른 부문과의 결합이 시도되었으나 지식 기반 경제에서는 이들 간의 긴밀한 네트워크 형성과 융합이 더욱 중요해진다.

게다가 기존의 정보화는 정보 통신 인프라 구축 자체에 중점을 많이 두었지만, 지식 기반 경제에서는 인프라를 기반으로 한 지식과 정

---

19 김대중, 『김대중 자서전 2』, 삼인, 2010, p.440.

보의 유통과 활용에 집중한다. 과거의 정보화 정책은 컴퓨터의 보급, 정보 통신망의 구축 등 정보화의 초기 단계에 초점을 맞추었으나, 이제는 지식과 정보의 콘텐츠, 개인과 조직 간의 네트워크 형성, 정보화 교육 등에 중점을 둔 정책의 수립과 추진이 요구되는 것이다. 물리적 통신망의 구축을 넘어서 국가 전역을 네트워크화하고, 인터넷 이용을 활성화하여 사람과 조직 간의 원활한 상호 작용을 통해 보다 역동적인 사회를 구축하는 것이 중요하다.

이에 따라 기존의 분야별·사업별로 분절화된 정보화 계획에서 탈피하여 정보 인프라 구축, 국가 전반의 생산성 향상, 신산업 육성을 통한 고용 확대로 연계되는, 종합적이고 체계적인 정보화 추진 방향을 정립하였다. 그리고 인터넷 확산 등 그동안의 정보화 추진 여건 변화를 반영하여 운영 시스템의 글로벌화, 전 국민의 신지식인화, 신산업 활성화 등의 정책 과제도 새롭게 제시하였다. 나아가 정보화를 통한 경제 위기 극복과 경제 재도약의 비전을 제시하고, 실천 전략을 구체화함으로써 정보화가 지식 정보 강국 건설이라는 국가 발전 전략에 포함되었다.

아울러 정보화 교육 강화를 통한 인적 자원 육성이 경쟁력의 핵심 요인으로 강조되었다. 정보화 교육이 IT 산업의 수요 기반을 창출하기 때문이다. 1990년대 중후반에 접어들면서 해외 주요국이 정보화를 강화하고 있던 가운데, 한국의 정보화 수준은 OECD 하위권이었다. 인터넷 이용과 PC 보급이 일부 계층에 한정되어 정보 격차가 심화되고 있었다. 더욱이 IMF 경제 위기로 경제 성장률은 떨어지고, 실업률은 높아지고 있어 정보화를 통한 생산성 제고와 수요 진작이 필요한 시점이었다. 바로 이때 1000만 명을 대상으로 정보화 교육을 실시하여 정보화 저변을 확대함으로써 수요를 확산시켰다. 공급 위주 정책에서 수요와 공급의 조화를 통해 정보화 정책 효과를 극대화한 것이다.

지식 정보 강국의 꿈이 현실로

김대중 정부 정보화 정책의 성과는 사회 전반에서 나타났다. 단순히 인터넷 사용자 증가, 전자 정부 구축, 그리고 IT 산업의 경제 성장 견인 등에 국한되지 않고, 실제 국민들의 생활 방식에 크고 작은 변화를 가져왔다. 김대중 대통령은 정보화를 국가 발전 전략으로 확장하고 심화시켰으며 전자 정부, 정보화 교육과 소프트웨어 산업 육성 등을 강력하게 추진하여 우리나라가 지식 정보 강국으로 거듭나는 데 큰 업적을 남겼다.

이와 관련하여 특히 많은 국민들이 변화를 가장 크게 체감한 분야로 정부 부문을 들 수 있다. 정부 기관이 업무의 효율성을 높이고 대민 서비스를 개선하는 등, 인터넷을 가장 선도적으로 활용하려고 힘썼다. 정부 서비스의 독점적 공급자가 아니라 수요자인 국민과 기업의 관점에서 최우선적으로 추진할 전자 정부 중점 사업을 발굴, 추진하였다. 총 11개 과제를 대통령 의제(presidential agenda)로 선정하여 성공적으로 개발함으로써 전자 정부의 기반을 구축하였다.

민간 부문도 많은 변화가 있었다. 인터넷으로 물건을 사고, 강의를 듣고, 영화를 보게 되었다. 인터넷 뱅킹과 온라인 주식 거래도 일상화되었다. 국제 전화를 저렴하게 이용할 수 있는 인터넷 전화나 지방에 출장 간 직원들과의 영상 회의도 가능하게 되었다. 또한 초고속 국가망을 통하여 전국 1만 400개 모든 초·중·고등학교에 초고속 인터넷 서비스를 256Kbps 속도까지는 무료, 그 이상 속도로 대폭 할인된 요금으로 제공하였다. 이를 통해 교육 정보화 환경을 획기적으로 개선하여 디지털 교육 기반을 확고히 다지게 되었다.

이런 변화는 전국의 모든 144개 통화권역에 광전송망을 2002년에서 2년 앞당겨 2000년 말에 조기에 구축하였기 때문에 가능해졌다. 전국 주요 지역에 고속·대용량의 광케이블 전송망과 ATM 교환망을 설치하고, 시·군·구와 읍·면·동에 고품질 인터넷 서비스를 제공하는 초고속 정보 통신 기반을 완성하였다.

김 대통령이 꿈꾸던 '지식 정보 강국'의 모습은 임기 말의 각종 통계와 데이터에 의해 현실로 나타났다(<표 1-4>). 김대중 정부가 출범한 1998년, 우리나라의 국가 정보화 지수는 조사 대상인 50개국 중 21위에 불과하였다. 1998년 말 기준, 국가 정보화 수준은 가까운 경쟁 상대로 여기는 아시아의 싱가포르, 일본, 홍콩, 대만 등에도 한참 뒤지는 것으로 분석되었다. 그러나 이듬해인 1999년에는 19위, 2000년에는 17위로 향상되었고, 2003년에는 7위로 상승하는 놀라운 진전을 기록하였다.

<표 1-4> 국가 정보화 지수

구분	국가 정보화 지수 순위					
	1998	1999	2000	2001	2002	2003
한국	21	19	17	16	12	7

출처: 한국전산원, 『국가정보화백서 2004』, 2004.

김대중 정부의 정보화 성과는 PC 소유율, 휴대 전화 보급률, 초고속 통신망 가입률, 인터넷 이용률 지표를 통해 쉽게 파악할 수 있다.

1990년대부터 2010년대까지 세계 각국의 정보 통신 성장 추세를 보면, 전반적으로 매년 거의 비슷한 비율로 우상향 방향으로 올라가는 선형(線型)의 성장 패턴을 보인다.[20] 예를 들면, 세계 국가들의 평균 인터넷 가입률은 1998년에 5%에서 시작하여 2008년의 55%를 거쳐 2018년에 96%에 도달할 때까지, 매년 5% 내외의 비슷한 비율로 증가하였다.

우리나라의 정보화는 1980년대까지 별다른 주목을 받지 못하였다. 1990년의 국가 정보화 지수를 보면, 한국(100)은 미국(661), 영국(478), 일본(469), 프랑스(437), 독일(423) 등 G7 국가의 4분의 1에서 6분의 1 수준에 불과하였다. 그리고 성장률도 선진국들과 비슷한 선형 성장 패턴을 보였다. 그러나 1990년대 후반 이후 급격히 성장하기 시작하여 2000년대 초반에 변곡점을 이루는 급성장 패턴을 보여 준다. 개인용 컴퓨터(PC), 인터넷 이용자, 초고속 인터넷 가입자, 그리고 이동 전화 가입자의 증가 추세를 10년 단위로 보면 <표 1-5>와 같다.

20 OECD & ITU, "M-Government - Mobile Technologies for Responsive Governments and Connected Societies", 2011, pp.15~16.

<표 1-5> 정보 통신 주요 지표의 변화 추세

구분	1975	1985	1995	2005
PC 보급 대수(대)	-	8,000	534만	2620만
인터넷 이용자 수(명)	-	-	36만	3301만
초고속 인터넷 가입자 수(명)	-	-	-	1219만
이동 전화 가입자 수(명)	-	-	164만	3834만

출처: 한국전산원, 『국가정보화백서』, 각 연도.

1998년 1만 4000명에 불과하던 초고속 인터넷 가입자 수는 2002년에 1040만 명으로 700배 이상 급증했다. 초고속 인터넷 가입자 수는 2002년 10월에 1000만 명을 넘어 세계 최고의 보급률을 갖게 되었다. 보급률은 캐나다의 2배, 미국의 4배, 일본의 8배였다. 이것은 당시 전국 1450만 가구 기준으로 69%, 4700만 인구 기준으로 21%가 초고속 인터넷 서비스를 사용하고 있음을 의미하였다. 유선 전화가 1000만 회선을 돌파하는 데 100여 년, 이동 전화가 1000만 가입자를 돌파하는 데 18년이 걸린 점에 비추어 보면 이런 성장 속도는 이례적이다.

인터넷 이용자 수는 1997~1998년까지 30만 명 수준에서 1998년 이후 급증하여 2003년에 3000만 명, 2005년 3300만 명, 2007년 3574만 명으로, 거의 정점에 도달하였다. 인터넷 이용자 수는 1999년부터 2002년 사이에 급증하여 2010년경에는 거의 정점에 도달하는 전형적인 'S자(字)' 형태의 성장 곡선을 보여 주고 있다(<그림 1-2>). 이 시기가 성장 곡선의 변곡점이 된 것이다.

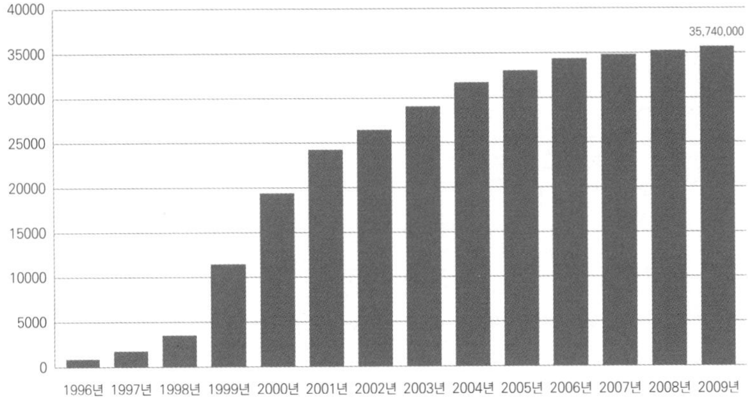

<그림 1-2> 인터넷 이용자 수

출처: 한국인터넷진흥원, 「인터넷이용실태조사」, 1996년부터 2009년까지의 통계를 활용해서 작성.

초고속 통신망 사업은 김대중 정부에서 기반이 완성되었고, 초고속 인터넷 가입자 수도 폭발적으로 증가하였다. 이런 초고속으로 달성한 세계 최고의 초고속 통신망 가입률과 인터넷 이용률의 성공에 기여한 핵심 요인은 효율적 추진 체계 확립, 정부의 선도적 투자를 통한 민간 참여 유발, 통신 사업자 간 시장 경쟁 환경 조성, 정보화를 통한 수요 창출, 그리고 문화 환경적 요인(밀집된 주거 문화, 유행에 민감한 문화적 특성, 온라인 게임과 PC방의 확산)으로 요약된다.[21]

임기 막바지인 2002년 11월 6일, 김 대통령은 정부종합청사에서 역사적인 초고속 인터넷 1000만 가구 돌파 기념식을 가지면서, "이제 우리에게 기회가 왔습니다. 5천 년 역사에 처음 있는 세계 일류 국가 도약의 기회입니다. …… 세계 최선두의 지식 경제 강국

21 정보통신부·한국전산원, 『한국의 초고속정보통신망 발전사』, 정보통신부, 2003, pp.178~183.

을 향하여 흔들림 없이 나갑시다."라고 선언하였다. 김 대통령은 "프랑스나 영국의 지도자들이 인터넷 인구를 600만 명이네, 700만 명이네 하며 자랑할 때, 당시 우리 인터넷 인구는 무려 1700만 명임을 차마 자랑하지 못했다."라고까지 고백하였다.[22]

IT가 국내 총생산(GDP)에서 차지하는 비중은 1997년 8.6%에서 2002년에 14.8%로 확대되었다(『한국경제신문』, 2009.8.18.). 국내 IT 산업의 생산액도 역시 1997년 75.5조 원에서 2002년 187조 원으로 2배 이상 늘어, IT 산업의 GDP 비중은 김대중 대통령 임기 중 미국(11.1%)과 일본(9.6%) 등 선진국을 크게 추월하는 계기가 되었다. 이와 함께 IT 산업이 전체 산업에서 차지하는 수출 비중은 1997년 23.0%에서 2002년에 28.5%로 증가하였다. 1997년부터 2002년까지 IT 산업의 무역 수지 흑자는 총 676억 달러에 달하여 전체 산업 무역 수지 흑자(944억 달러)의 71.6%를 점유하였다.[23] IT 직종 종사자 수도 1997년 101만 명에서 2002년 122만 명으로 증가했다. 2002년 전자 상거래 규모가 전체 거래의 12%인 177조 원에 달하는 등, e-비즈니스 환경이 조성되었다.[24]

이처럼 김대중 정부는 정보화와 관련하여 다양한 정책을 추진하였고, 그 결과 정보화 및 IT 산업 분야가 급속도로 진보하여 세계적 수준에 근접하였다.

---

22 김대중, 『김대중 자서전 2』, 삼인, 2010, p.443.

23 정보통신부, 「2003년도 전기통신에 관한 연차보고서」, 2003, pp.25~26.

24 정보통신부, 위의 보고서, p.26.

<표 1-6> IT 산업이 GDP에서 차지하는 비중(%)

	1997	1998	1999	2000	2001	2002
IT 산업의 GDP 중(%)	8.6	9.3	11.2	13.1	12.7	14.8
IT 생산(조 원)	75.5	88.1	115.0	145.3	147.3	187.0

출처: 정보통신부, 「2003년도 전기통신 연차보고서」, 2003.

국제 사회의 평가

김대중 대통령은 국내 인터넷 환경의 초고속 성장에 힘입어 APEC 등 국제회의 참가 시 'IT 강국의 지도자'로 소개되는 등, 정보통신 인프라 구축 면에서 큰 성과를 거둔 것으로 평가받았다.

김 대통령에게 지식 정보 강국의 영감을 주었던 앨빈 토플러는 2001년 6월 "한국의 정보 통신 기술은 여타 선진국과 비교해 2~3년 정도 뒤처지지만, 훌륭한 하부 구조를 지니고 있다. 새로운 인프라 구축을 위한 첫발을 디딘 한국은 이 거대한 물리적 하부 구조를 발명과 재발명을 통해 경제 전체를 위해 유익하게 사용하라."[25]라고 조언하면서 세계적 수준의 정보화 인프라를 구축한 한국이 추격할 검증된 모델이 없으므로 한국 실정에 맞는 전략적 모형을 새로 구상할 것을 주문하였다.

빌 게이츠도 2001년 10월 서울에서 열린 '제2회 세계 지식 포럼'의 '디지털 10년'(Digital Decade 2001~2010) 특별 강연에서 한국의 발달된 초고속 인터넷 환경을 높게 평가했다. 그는 "그 어떤 국가

25 전자신문, "앨빈 토플러 박사 '위기를 넘어서-21세기 한국의 비전' 강연 요지," 2001.6.8. https://www.etnews.com/200106070284

도 한국의 브로드밴드 보급률의 반도 따라가지 못하고 있다. 미국에 돌아가면 나는 한국을 따라잡자고 강조할 것"[26]이라고 하며, 한국이 정부의 적극 투자와 지원을 바탕으로 세계 최고의 초고속망 구축과 초고속 인터넷 가입자를 가졌다고 평가하였다.

2001년 10월 『The New York times』는 "한국의 초고속 인터넷 서비스는 세계 최고 수준이고, 문화의 일부가 되고 있다(In Korea, broadband is part of the culture)."[27]라고 보도하였다. 이어 2001년 OECD는 브로드밴드 인터넷 액세스 측면에서 한국은 OECD 지역에서 단연 선두를 달리고 있다고 분석하면서, 초고속 인터넷 분야의 벤치마킹 국가로 추천하였다.[28] 또한 2003년에 국제통신연합(ITU)은 ICT 분야 '무일푼에서 벼락부자'가 된 한국(from rages to riches in ICT)이 세계 1위의 초고속 인터넷 국가가 되었다고 평가했다.[29]

영국의 『Financial Times』는 2001년 10월, 한국의 정보화에 관한 특집 기사에서 한국이 뜨거운 인터넷 열풍에 휩싸여 있다고 보도하면서, 인터넷의 급속한 확산 요인에 대해 분석한 바 있다. 그리고

---

26 Economy 21, "빌 게이츠/ 마이크로소프트 회장 겸 최고 소프트웨어 설계자," 2001.10.25. http://www.economy21.co.kr/news/articleView.html?idxno=29159)

27 The New York Times,"Technology: In Korea, Broadband Is Part of the Culture," 2001.10.29. https://www.nytimes.com/2001/10/29/business/technology-in-korea-broadband-is-part-of-the-culture.html

28 OECD, "The development of broadband access in OECD countries, Digital Economy Papers", No. 56, October. 2001, pp.32~33.

29 ITU, "Broadband Korea: Internet Case Study", 2003, pp.1~4. https://www.itu.int/ITU-D/ict/cs/korea/material/CS_KOR.pdf

확산 요인으로 우선 인터넷 인프라를 구축하려는 정부의 노력과, 첨단 기술에 뜨거운 반응을 보이는 한국인 특유의 기질이 작용했음을 꼽았다. 다른 나라들이 대부분 인터넷의 대중화를 이끄는 힘을 시장에 맡겨 둔 반면, 한국은 정부가 중심 역할을 수행하면서 가능했다는 것이다. 그 밖에 두 번째로는 낮은 인터넷 접속 비용을 가능하게 하는 도시 지역의 높은 주거 밀집도를, 세 번째로는 교육 상품 및 서비스를 자녀들이 제공받을 수 있도록 부모들을 인터넷으로 끌어들이게 하는 한국의 높은 교육열을, 그리고 네 번째로는 온라인 주식 거래의 확산을 들었다.

미국의 경제 전문지 『Fortune』은 "지식 강국으로 재탄생시킨다는 목표를 세운 김대중 대통령은 한편으로는 과감한 규제 완화와 다른 한편으로는 적극적인 재정 지원을 통해, 또 다른 한편으론 인터넷과 통신 분야 기업의 투자를 촉진해 IT 시장의 선순환 구조를 이끌어 냈다."[30]라고 분석했다.

김대중 대통령의 강력한 정보화 의지와 비전, 그리고 이를 뒷받침하는 치밀한 계획과 과감한 투자로 세계가 놀란 IT 강국의 신화를 써 내려간 것이다.

30 정보통신부, 「2003년도 전기통신에 관한 연차보고서」, 2003, p.43.

Ⅱ

전자 정부

송희준

전자 정부란 무엇인가

대통령 직속의 전자정부특별위원회

효율성, 대민 서비스, 그리고 투명성

“오늘은 흔치 않은 기쁘고 뜻깊은 날”

전자 정부 11대 사업

민원 서비스 혁신

행정 정보 공동 이용

전자 조달

홈 택스 서비스

나머지 사업들

여소야대 국회와 법령 정비

성공을 가져온 핵심 요인들

세계 1위 국가로 가는 길

제2장
전자 정부

송희준

전자 정부란 무엇인가

전자 정부라는 말은 일반 국민에게 다소 생소하게 들릴지 모른다. <전자정부법>은 전자 정부를 "정보 기술을 활용하여 행정 기관과 공공 기관의 업무를 전자화하여 행정 기관 등 상호 간의 행정 업무 및 국민에 대한 행정 업무를 효율적으로 수행하는 정부"라고 정의하고 있다.

전자 정부는 공무원이 컴퓨터를 이용하여 자신의 업무를 처리하고, 일반 국민과 민원인은 인터넷을 이용하여 관청과 소통하고 각종 서비스를 제공받는 것이다. 국민이 자주 이용하는 민원24(정부24)나 홈택스(HTS:Home Tax Service)가 바로 전자 정부 서비스이다.

행정 기관은 업무용 컴퓨터를 이용하여 자신의 업무를 디지털 기술로 저장 및 처리하고, 국민은 컴퓨터와 휴대 전화 등 다양한 형태의 단말 기기를 사용하여 행정 서비스를 받는다. 행정 서비스가 언제 어디에서나 막힘 없이 처리되려면 행정 업무도 부처 간, 부서 간에 매듭이 없이 정보화해야 한다. 그리고 처리된 각종 정보는 체계적으로 저장되어 필요할 때 언제든지 다시 꺼내 쓸 수 있도록 관리해야 한다. 이런 전 과정이 전자 정부 영역이다.

1980년대 이후 서구 선진국들이 채택한 작고 효율적인 정부를 만드는 신공공 관리(NPM, new public management) 혁신 전략은 크게 구조 개혁, 민영화, 조직 통·폐합, 인력 감축 같은 경성 개혁과 민원서류 감축, 업무 프로세스 혁신, 정보 기술을 활용한 대민 서비스 향상과 같은 연성 개혁으로 분류된다.

전자 정부는 인터넷 등 정보 기술을 활용하여 업무의 효율성, 투명성, 대민 서비스 효과를 높이는 연성 개혁의 핵심 도구이다. 동시에 민주주의와 시장 경제의 병행 발전이라는 핵심 가치 실현을 통하여 그 효과를 국민에게 가시적으로 보여 줄 수 있는 대표적인 전략이다.

김대중 정부의 전자 정부가 괄목할 만한 성공을 거둔 데에는 과거 정부들의 몇 가지 시의적절한 사업과 법·제도 정비가 있었다. 김 대통령은 주저하지 않고 거인들의 어깨에 앉아 앞으로 나아갔다.

첫째, 1962년 제1차 경제 개발 오개년 계획과 함께 주민 등록 제도가 도입되고, 1969년 전 국민에게 주민 등록 번호가 부여되었다. 방첩 목적의 주민 동향 관리와 노동력 이동에 따른 교육, 복지 등 효율적인 행정 관리가 목적이었다. 주민 등록 번호는 비대면 접촉이 기본 특성인 인터넷 공간에서 편리한 개인 식별 정보로서 인터넷 이용의 활성화에 크게 기여하였다. 그러나 개인 정보 유출과 오·남용 문제를 유발하기도 하였다.

둘째, 1987년에 착수한 두 차례의 국가 기간 전산망 사업은 주민 등록, 부동산, 고용, 자동차, 통관, 경제 통계 등, 6대 핵심 행정 데이터베이스와 광역 전산망을 구축하여 민원인이 거주지 관할 관청이 아닌 다른 지역 관청에서도 전산화된 증명서를 발급받을 수 있는 광역 행정 서비스를 제공하게 되었다.

셋째, 김영삼 정부는 정보통신부를 신설하고, <정보화촉진기본법>을 제정하고 정보화 추진 기본 계획을 수립하였다. 더 나아가 전국을 초고속 인터넷 통신망으로 연결하는 계획을 수립하였다.

넷째, 정보 통신 기술 개발과 산업화이다. 1960~70년대에 경제 개발 오개년 계획을 시행하면서부터 추진한 기술 자립 노력을 바탕으로 1980년대 이후 컴퓨터 등 전자 통신 기술이 급진전하였고, 1990년대에 CDMA 무선 통신 기술을 상용화하여 국내 산업 육성과 해외 시장 개척이 이루어짐으로써 정보 통신 생태계가 조성되었다.

이와 같은 역사적 자산들이 김대중 정부의 지식 정보 강국을 세우는 토대가 되었다.

대통령 직속의 전자정부특별위원회

집권 초반 김대중 대통령은 경제 위기 극복을 위한 4대 부문 구조 개혁에 총력을 다하여 어느 정도 성과를 거두기 시작하였다. 그러나 2년 정도 지나면서 구조 개혁의 직접적인 이해 당사자는 물론, 일반 국민도 서서히 개혁 피로감에 젖어 들기 시작하였다. 이제 개혁 대상과 접근 방법의 전환이 필요해졌다. 그것은 국민과 국가의 미래에 대한 밝은 전망을 보여 주는 형태여야 했다.

2000년 초 김대중 정부는 공공 부문 개혁에 대한 자체 평가를 통하여 남은 3년에 수행할 개혁 목표와 우선순위를 정하였다. 언론은 전반적으로 "공공 부문 개혁이 조직 통·폐합, 인력 감축, 매각 등 외형적 성과를 냈지만, 지식 정보화 사회에 부응하는 소프트웨어적 혁신은 제대로 하지 못했다."라고 평가하였다.[31] 이에 전자 정부가 소프트웨어적 혁신의 유력한 대안의 하나로 제안되었다.

2000년 1월 3일 김대중 대통령은 새해 신년사에서 지식 정보 혁명을 통한 세계 10대 지식 정보 강국을 건설하겠다고 선언하였다. 그리고 2000년 2월 2일 모든 국무위원에게 "전자 정부 하루 속히 구현"이라는 제목의 이메일 '지시 서한' 1호를 보냈다. 국무총리와 국무위원들의 답신을 읽으면서 행복감과 흐뭇함을 느끼고, 전자 왕

31 한국개발연구원 경제정보센터, 「공공부문 개혁에 대한 평가: 언론분석과 설문조사를 중심으로-최종보고서」, 2000.6.24.

국을 건설해야겠다고 더욱 다짐하였다.[32]

> 국내 인터넷 이용자가 1000만 명을 넘고, 급속한 지식 정보화에 따라 경제·사회 구조가 급변하고 있습니다. 인터넷을 통해 민의를 수렴하고, 정부 정책도 적극 알리는 쌍방향 커뮤니케이션을 통해 전자 민주주의 실현에 정부가 앞장서야 합니다. 각 부처가 홈페이지를 적극 활용하여 국민이 정부에 무엇을 요구하고 있는지 분명하게 알 수 있도록 힘써 주십시오.

2001년 1월 11일 연두 기자 회견에서 김 대통령은 임기 중에 정보화 확산의 핵심인 전자 정부 완성 의지를 표명하였다. 곧바로 2월 25일, 취임 3주년을 맞아 정부중앙청사와 과천청사를 연결하여 역사상 첫 '영상 국무회의'를 열어 국무위원들을 각성시켰다. 김 대통령의 강력한 정보화 의지와 지속적인 인식 제고 노력은 계몽적이었다.

김 대통령은 2000년 1월 12일 임명한 김성재 정책기획수석에게 "특히 정보화 정책을 적극 추진하고, 인재 발굴에 힘쓰라."라고 당부하였다. 청와대에 지식 정보 강국의 토대를 구축하고 전자 정부를 지휘할 컨트롤 타워가 형성된 것이다.

김 대통령은 8월 말, 임기 내에 완료할 정부 개혁 과제를 신속히

---

32 김대중, 『김대중 자서전 2』, 삼인, 2010, p.159, p.235.; 중소기업·벤처기업 대표 초청 오찬 말씀, 행정안전부 대통령기록관, 2001. 3. 28.
https://www.pa.go.kr/research/contents/speech/index.jsp?spMode=view&catid=c_pa02062&artid

처리하기 위하여 국회 입법 과정을 거치지 않고 대통령령으로 대통령 자문 정부혁신추진위원회를 설치하고, 사무국을 공공 개혁을 총괄하는 기획예산처 정부개혁실(위원회 간사는 기획예산처 정부개혁실장)에 두었다. 정부혁신추진위원회의 공공 부문 개혁 범위는 공공 부문 조직 구조 혁신, 운영 체제와 일하는 방식 개선, 의식·문화 개혁, 재정 및 예산 회계 제도 개혁과 함께 정보 기술을 이용한 공공 부문의 민주성·투명성·생산성 제고였다. 정부혁신추진위원회는 9월 제1차 회의에서 공공 부문 개혁 추진 방향(안)과 지식전자정부 전략 계획(안)을 의결하였다.

2001년 1월 정부혁신추진위원회는 전자정부특별위원회 설치를 의결하였다. 김성재 정책기획수석은 "특위는 형식적으로는 정부혁신추진위원회에 속하지만, 실질적으로는 독립적 운영을 보장하고 대통령에게 직접 보고하는 체제로 운영된다."라고 약속하였다.[33] 당시 전자 정부 사무국은 정부혁신추진위원회 사무국이 위치한 서초동의 기획예산처와 별도로 청와대 정책수석실과 쉽게 연결되도록 광화문 네거리의 한 건물에 두었다. 건너편 청계천 입구에는 실무적인 업무를 지원하는 정보화진흥원이 위치해 있었다.

이로써 김대중 정부의 국가 정보화와 전자 정부는 외형적으로는 정보화추진위원회, 정보화전략회의, 전자정부특별위원회의 삼두마차로 굴러가게 되었다. 전자정부특위는 이런저런 추상적이고 이론적

33 전자정부특별위원회 백서편집위원회, 『전자정부백서』, 전자정부특별위원회, 2003, p.49.

인 정책 문제를 다루지 않고 임기 내에 완료할 11대 사업만 추진하고, 사업 추진에 장애로 작용하는 요소들만 찾아 그때그때 해결하는, 철저한 미션 지향적인 임시 조직이었다.

전자정부특위는 2년 임기의 민간 위원 7명과 당연직으로 기획예산처, 행정자치부, 정보통신부 차관을 포함하여 15인 이내로 구성된 차관급 위원회이다. 대통령 비서실과 국무조정실의 1급 실장을 정부위원으로 위촉하고, 필요할 때 관련 부처를 회의에 참석하게 하였다.

전자정부특위 민간 위원 7인은 출신 지역, 학교, 직업, 이념 성향 등을 불문하고, 정부 혁신과 IT 정책 분야 전문가로 구성되었다. 김대중 대통령의 인재 발탁 철학이 자연스럽게 스며든 모습이다. 그 속에는 김영삼 정부의 청와대 비서관을 역임했거나, 후대의 보수 정권에서 청와대 수석비서관이나 국회의원을 역임할 인사도 포함되어 활동하였다.

행정 실무는 정부 개혁과 예산을 담당하는 기획예산처, 정부 조직과 행정 관리를 관장하는 행정자치부, 정보화 기술 지원과 정보화촉진기금을 운용하는 정보통신부의 협조 체제였다. 한국전산원(현 지능정보사회진흥원)이 인력 및 기술을 지원하였고, 정보통신정책연구원, 인터넷진흥원, 한국교육학술정보원 등도 참여하였다.

2001년 1월 30일 전자정부특별위원회가 출범하고, 2월 2일 첫 실무위원회가 열렸다. 3월 19일 청와대에서 전자정부특위 위원과 관련 부처 차관들이 참가하는 제1차 전자정부특위 본회의가 개최되어 '전자 정부 추진 방향 및 과제'를 확정하였다. 그리고 2001년 5월 17일 청와대의 '전자 정부 구현 전략 보고 회의'에서 안문석 전자정부특위 위원장이 '전자 정부 구현 전략 및 중점 과제 추진 계획'을 대통령에게 직접 보고하였다.

이 자리에서 김 대통령은 "전자 정부를 구축하면 투명성과 생산성을 획기적으로 제고하고, 부패를 일소하며, 세계 일류의 경쟁력을 갖는 경제를 실현할 수 있다."라고 하면서, 전자정부특위에 "각 부처의 추진 상황을 면밀하게 살펴 문제점을 조정 및 점검하여 시정시키는 한편, 더 이상 문제가 있을 경우 대통령에게 건의해 달라."라고 하였다. 동시에 법제도 개선, 정보 공유 확대, 개인 정보 보호, 정보 격차 해소 등을 위해 노력할 것을 당부하였다.

중간 점검을 위한 '전자 정부 구현 종합 점검 회의'(2001.12.24.)에서 김대중 대통령은 "전자 정부는 21세기 지식 기반 경제 체제에서 일류 경쟁력을 갖춘 국가로 발전하기 위한 필수 요건으로서, 해도 되고 안 해도 되는 게 아니고, 천천히 봐 가면서 해야 하는 것도 아니다. 내년 말까지 차질없이 이루어야 생산성도 높아지고, 국정 전반의 투명성도 시현될 것이며, 청렴성과 효율성도 높아질 것이다."라고 하였다.

11대 과제 중 가장 먼저 사업이 마무리된 전자 조달 시스템(나라장터) 개통식이 2002년 10월 10일에 열렸고, 다음 달인 11월 13일 청와대에서 '전자 정부 기반 완성 보고회'가 개최되었다.

전자정부특위는 대통령 대면 보고 3회, 본회의 11회, 실무위원회 51회를 열었다. 위원 개인별로 담당한 2개 내외의 사업을 진행하기 위해 기관이나 업체의 실무자들과의 과제별 조정회의나 개별적 면담 또는 현장 방문은 빼더라도 1~2주에 1회 정도 개최한 셈이다.

<표 2-1> 전자정부특별위원회의 주요 회의(2001.2.~2003.1.)

구분	회수	주요 내용
대통령 대면 보고	3	전자 정부 구현 전략 보고회의(청와대, 2001.5.17.) 전자 정부 구현 종합 점검회의(청와대, 2001.12.24.) 전자 정부 기반 완성 보고회(청와대, 2002.11.13.)
전자특위 본회의 (차관급)	11	전자 정부 추진 방향과 과제 확정(청와대, 2001.3.19.) 6. 주요 사업 추진현황 및 계획 보고(청와대, 2002.4.4.) 11. 종합 점검 회의(청와대, 2002.8.8.)
특위 실무위 (국장급)	51	전자정부특위 설치 및 자유토론(2001.2.2.) 51.보안 점검 결과 및 대응 방안(2003.1.22.)
합계	65	

출처: 전자정부특별위원회 백서편집위원회, 『전자정부백서』, 2003.

사업 선정 원칙으로는 (1) 국가적 우선순위 사업 추진, (2) 다부처 관련 사업 단일화, (3) 기존 자원의 최대 활용, (4) 사전·사후 평가 후 예산과 연계 추진을 정하였다.

첫째, 우선순위는 관료적 편의성이 아닌 국민의 편익 증진과 사회 비용 감축 효과가 큰 창구 민원 업무의 전자화이다. 주민 등록, 자동차 등록 등 민원 업무가 전산화되었어도 민원인이 관청을 방문하면 많은 시간과 비용이 든다. 여러 기관이 연계된 복합 민원은 수입 인지를 붙인 두툼한 종이 문서를 들고 여러 차례 방문해야 하였다. 공무원은 하루 8시간씩 5일 근무하므로 밤과 주말에 업무는 중단되었다. 전자 민원 처리는 관청을 직접 방문하지 않고, 직장이나 집에서 24시간 서비스가 가능한 무방문, 무중단 서비스인 것이다.

둘째, 김 대통령은 2002년 1월 청와대 수석비서관 회의에서 "전자 정부의 실현은 역사를 바꾸는 행정 개혁"이라고 단언하였다. 과거에 많은 부처가 각자 자기 업무의 독자적인 전자화를 하면서 업무 혁신과 문서 감축을 하지 않고 기존 업무를 그대로 정보화하여 업무 개선 효과를 충분히 내지 못하는 또 다른 칸막이를 만드는 격이었다. 전자 정부는 이런 불필요하고 중복적인 각종 문서의 감축과 업무 프로세스 간소화로 출발한다.

전자 정부 사업의 새로운 접근 방법은 '업무 재구축(BPR) → 정보화 전략 계획(ISP) → 본 사업 → 시스템 가동'의 네 단계를 통해 완료된다. 업무 재구축(BPR)이란 전자화 시작 직전에 현행 업무 프로세스와 문서의 문제점이 무엇인지를 진단 및 분석하고, 이를 바탕으로 최적 업무 모델을 재설계하는 것이다. 그런 다음에 그 결과물을 가지고 정보화 전략(ISP)를 수립한 뒤, 정보 시스템을 개발하여 운영하는 절차를 거친다. 전자 정부는 이런 전 과정이 치밀하게 이루어져야 성공할 수 있다.

셋째, 개별 기관별로 기존의 울타리를 지키는 시스템을 개발하면 '자동화의 섬들'이 되므로, 다부처 관련 업무를 중점적으로 정보화한다는 것이다. 특허청, 관세청 같은 외청들은 다른 기관들과 업무 연관성이 적어 기관 간 협의 및 조정 없이 독자적으로 인터넷 기반의 전자 정부 사업 추진이 가능하였다. 그러나 국민에게는 여러 부처가 복잡하게 얽힌 복합 민원의 전자화가 더 큰 체감 효과를 낸다. 이를 위해서는 부처들의 할거주의와 이기주의를 극복한 긴밀한 협의와 조정이 필요하며 무엇보다, 대통령의 리더십이 필요하다.

넷째, 범부처 사업 추진에 기존 자원을 활용하고, 사전 분석과 사후 평가를 강화하며, 그 결과를 예산과 연계하는 것이다. 예비 타당성 조사 제도가 도입되기 이전이지만, 정보화 예산의 효율적 투입과 파급 효과 극대화를 위하여 국가적 우선순위와 사업 기간을 명확히 정하고, 사업의 사전 분석을 거쳐 예산 배정을 하며, 사업 성과에 대한 평가도 엄정히 하려는 것이다. 예를 들어, 정보 공동 이용을 통한 구비 서류 감축 효과는 각종 민원 서류의 연간 발급 건수와 민원인의 교통비 절감액을 포함하고, 전자 열람 서비스의 비용 절감 효과는 민원 서류 발급 건수와 민원인 교통비 절감액 및 소요 시간 환산액 등을 포함하여 추정하였다. 이런 노력은 국회와 언론을 설득하는 과학적인 근거로 사용되었다.

효율성, 대민 서비스, 그리고 투명성

전자 정부는 4대 부문 구조 개혁에 뒤이은 '상시적 정부 개혁'과, 투명하고 경쟁력 있는 정부 구현에 중요한 수단이고, 정보화를 사회 전반으로 확산하는 데 필요하였다. 공무원들의 정보화 마인드가 부족하고, 부처 간 정보 공유 및 연계가 미비하며, 국민과 기업 편익을 증진할 행정 업무의 정보화가 미흡하였기 때문이다.

이에 전자정부특위는 세계 최고 수준의 정보 인프라를 토대로 "부처별 정보화 추진보다는 국민과 기업 편익을 최우선으로 한다."라는 기본 방향에 따라 전자 정부의 명확한 비전과 목표 설정, 합리적인 추진 원칙 확정, 구체적인 과제 선정, 단일화된 추진 체계를 구축하였다.

역대 정부가 정부 혁신과 정보화 이념으로 효율성과 대민 서비스를 추구하였다면, 김대중 정부는 그것에 더하여 행정의 투명성과 기업의 생산성 가치를 강조하였다. 임기 중·후반 정부 혁신을 추진하기 위해 설치된 대통령 자문 정부혁신추진위원회가 추진할 공공 부문 개혁의 범위에 '정보 기술을 활용한 공공 부문의 민주성·투명성·생산성 제고'를 포함시켰다.

김 대통령은 2001년 7월 20일 <부패방지법> 서명식에서 전자 입찰을 확대하고, 국세청이 신용 카드를 활용해 납세의 투명성과 공정성을 기하는 등, "전자 정부야말로 투명성, 공정성, 효율성 등을 높이는 가장 중요한 기본 요소입니다. 전자 정부의 성공이야말로 21세기 우리 정부의 성공을 좌우할 것입니다. 여기에 대해 최대의 관심을 가지고 실현하려고 합니다."라고 말하였다.

2002년 광복절 경축사에서도 김 대통령은 "투명성은 경쟁력입니다. 우리 사회를 투명하게 하기 위한 제도적 노력을 계속해야 합니다. 올 10월이면 전자 정부 기반이 구축됩니다. 각종 민원과 조달 행정, 세금과 공과금 납부 등을 인터넷으로 처리하게 되면, 부정과 비리의 소지는 그만큼 줄어들 것입니다."라고 하였다. 그런 비리 근절을 위한 노력으로 완비된 금융 통신망을 이용한 업소 신용카드 사용 의무화 조치는 탈세와 비리를 근절하는 획기적 조치가 되었다.

비밀주의는 관료제의 병폐로 자주 지적된다. 업무가 정보화되어 투명하게 공개되면, 국민은 공직자들을 '어항 속의 금붕어(gold-fish bowl)'처럼 훤히 들여다볼 수 있다. 또한 투명성은 국민의 알 권리와 행정 정보에의 접근성을 향상하고, 공직 부패와 부조리를 줄여 준다. 전자 정부는 시간과 공간을 넓혀 경쟁을 확대하고, 공무원의 재량권을 축소하며, 민원인의 관청 방문과 직원 대면 접촉을 축소함으로써 공직 부패를 줄일 수 있다.

실제로 11대 사업은 투명성을 개선하여 공직자 부정과 비리를 줄이고, 국가 경쟁력을 크게 높일 것으로 나타났고,[34] 민원 서류 발급, 국세 납부, 공공 조달 등 민원 서비스가 전자화된 이후 급행료 관행은 많이 사라졌다. 많은 국가에서 공공 조달, 세금, 관세, 인사 행정 등은 부패 가능성이 가장 큰 정부 활동이기 때문에, 경쟁과 투명성을 보장하는 법·제도와 정보 시스템을 구축할 필요성이 높은 분야이다.

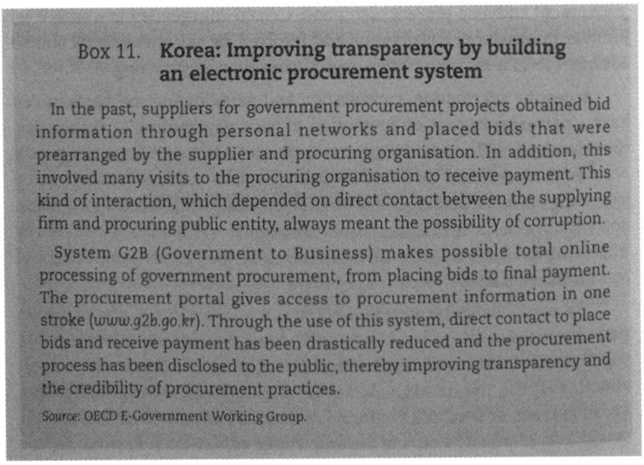

Box 11. **Korea: Improving transparency by building an electronic procurement system**

In the past, suppliers for government procurement projects obtained bid information through personal networks and placed bids that were prearranged by the supplier and procuring organisation. In addition, this involved many visits to the procuring organisation to receive payment. This kind of interaction, which depended on direct contact between the supplying firm and procuring public entity, always meant the possibility of corruption.

System G2B (Government to Business) makes possible total online processing of government procurement, from placing bids to final payment. The procurement portal gives access to procurement information in one stroke (*www.g2b.go.kr*). Through the use of this system, direct contact to place bids and receive payment has been drastically reduced and the procurement process has been disclosed to the public, thereby improving transparency and the credibility of procurement practices.

Source: OECD E-Government Working Group.

<그림 2-1> OECD가 선정한 전자 조달 시스템의 투명성 제고 효과

출처: OECD, The e-Government Imperative, OECD e-Government Studies, Paris, 2004, p.46.

---

34 송희준, "전자정부사업의 행정투명성 제고효과 분석," 『행정논총』, 40권 4호, 2002.

“오늘은 흔치 않은 기쁘고 뜻깊은 날”

전자 정부 사업의 첫 결실은 2002년 9월 개통식을 가진 전자 조달 시스템 구축으로서, 기업들은 정부와 공공 기관의 조달에 인터넷을 통해 입찰 정보를 얻고 광역 거래에 참여할 수 있게 되었다. 2002년 11월에는 민원 서비스 혁신 시스템(G4C)을 구축하여 4,000여 종의 민원을 인터넷으로 안내받고, 393종의 주요 민원을 인터넷으로 신청할 수 있게 되었다. 안방 민원 시대가 열린 것이다. 또한 정부 부처들이 보유한 정보를 정부 기관들이 공동 이용함으로써 민원인의 민원 처리를 위한 첨부 서류를 줄일 수 있게 되었다.

퇴임 3개월을 앞둔 2002년 11월 13일 청와대에서 ‘전자 정부 기반 완성 보고회’가 개최되었다. ‘손 안의 정부’를 향한 사업 계획 보고가 있고 1년 10개월 만의 일이다. 이 자리에서 김 대통령은 정보통신부 장관으로부터 전자 정부 신분증인 공인 인증서를 전달받고, 전자정부특위 위원들과 관계자들의 노고를 치하하였다.

> 오늘같이 기쁘고 뜻깊은 날이 흔치 않았다고 생각합니다. 오늘이야말로 우리 대한민국이 21세기에 세계 일류 국가로 발전해 나가는 정부 차원의 기반을 확립한 날입니다. …… 그러나 오늘 우리가 보고하는 것은 전자 정부 기반의 완성에 대한 것입니다. 아직 모두 완성한 것은 아닙니다. 이제 시작입니다. 우리는 전자 정부를 내실 있게 발전시켜 세계 최고 수준의 정부를 만들어야 합니다. 기술과 제도를 계속 보완해야 하고, 국민이 그 필요성과 유용함을 느끼도록 해야 합니다. 공무원이 익숙하지 않

아 거부감을 갖고 집중하지 않는 일이 없도록 잘 교육하여 사용자와 공무원 양자가 다 같이 흥미와 필요성을 절감하여 서비스하도록 해야 합니다. …… 지식 기반 경제 시대에 있어서 가장 중요한 것은 교육 수준과 문화적 창의력입니다. 우리는 높은 수준을 갖고 있습니다. 그리고 모험심도 중요합니다. 새로운 것에 대한 도전심입니다.

우리나라는 인터넷 사용 인구가 2500만 명이 넘고 초고속 가구 수가 1000만이 넘습니다. 세계 선두의 자랑거리입니다. 앞으로 큰 희망을 가질 수 있습니다.

전자정부를 완성하여 국운 융성을 이루어 21세기 세계 일류 국가를 만들고 월드컵 4강이 경제 4강이 되는 신화를 만들어야 합니다.[35]

김 대통령은 '전자 정부 기반 완성 보고회'를 계기로 21세기 대한민국이 세계 일류 국가로, 지식 정보 국가의 선두 국가로 나아가는 기반을 완성하여 최고의 정부를 만드는 시발점이 되었다는 기쁨을 감추지 않았다. 그리고 그의 예상대로 11대 사업을 출발점으로 신기술, 법·제도, 업무 프로세스를 지속적으로 보완하여 10년 이내에 세계 최고의 전자정부 국가를 달성하게 되었다.

이처럼 김 대통령은 1980년 이후 자신이 꿈꾸던 지식 정보 강국의 토대를 구체화하는 실천적인 과제로 전자 정부를 선택하여, 그 토대를 마련하는 데 성공하였다.

---

35 전자정부특별위원회 백서편집위원회, 위의 책, 2003, 안표지.

전자 정부 11대 사업

전자 정부의 비전은 투명하고 생산성 높은 행정, 24시간 안방과 사무실에서 민원 서비스, 세계에서 기업 하기 가장 좋은 환경을 조성하여 "21세기 세계 일류 국가로 도약"하는 것이었다. 그리고 비전을 구체화한 전자 정부 사업 목표를 네 가지로 압축하였다.

(1) 단일 창구를 통한 대민 서비스의 인터넷 처리

(2) 전자 조달 등 기업에 대한 서비스 전면 확대

(3) 행정의 투명성, 생산성과 직결된 정부 핵심 업무의 정보화

(4) 안전하고 신뢰성 있는 전자 정부 기반 구축

첫째, 단일 창구의 대민 서비스와 전자 조달은 민원인과 조달 업체를 상대로 창구 민원과 관련된 업무를 정보화하는 것이다(프론트 오피스). 이를 통해 국민의 편의성과 관청 방문 비용을 절감하는 데 초점을 두었다. 그런 사업으로 창구 민원, 전자 조달, 4대 사회 보험 연계, 홈 택스 시스템 구축 사업을 선정하였다.

둘째, 공무원 인사나 국가 재정과 같은 정부 내부의 업무 처리 프로세스의 정보화를 통해 행정의 효율성과 생산성을 높일 수 있다(백 오피스). 그리고 각급 지방 자치 단체들의 내부 업무도 체계적으로 정보화하여야 지방 자치를 제대로 실현할 수 있다. 이런 관점에서 국가 재정, 교육 행정, 시군구 행정, 인사 관리 시스템 구축 사업을 선정하였다.

셋째, 창구 민원과 내부 업무의 정보화를 위해 안전하고 신뢰할 만한 정보화 환경을 구축하기 위해 전자 문서 결재와 유통, 전자 서명과 행정 전자 서명, 통합 전산 환경의 구축 사업이 선정되었다.

많은 행정 업무들이 중앙 부처들 사이나, 중앙 부처와 지방 자치 단체 사이에 복잡하게 연계되어 있으므로, 이런 복잡한 연계성을 전자적으로 관리할 필요가 큰 핵심 정보 시스템 개발이 시급하였다. 이들 11대 사업은 대부분 한국전산원(원장: 서삼영)을 중심으로 치밀한 사전 조사 및 분석을 통해 선정한, 행정 업무 혁신의 성과와 파급 효과가 큰 연계 사업들이었다.

<표 2-2> 전자 정부 11대 중점 과제

구분	사업명	주요 내용
창구 민원 업무	1. 단일 창구를 통한 민원 서비스혁신(G4C)	주요 민원의 인터넷 안내·처리 및 행정 정보 공동 이용
	2. 4대 사회 보험 정보 연계	국민연금, 건강 보험, 산재 보험, 고용 보험 정보의 연계
	3. 홈 택스 서비스(HTS)	신고, 고지, 납부, 민원, 신고 안내 등 국세 관련 업무의 전자적 처리
	4. 종합 전자 조달 시스템(G2B)	단일 조달 창구로 업체 등록, 입찰, 계약, 대금 지급 등 프로세스 온라인화
행정 내부 업무	5. 국가 재정 정보 시스템	국가 재정 정보의 실시간 관리 및 재정 정보 연계
	6. 교육 행정 정보 시스템(NEIS)	초·중등학교와 교육 행정 기관의 교육 행정 업무의 전자적 처리 및 연계
	7. 시·군·구 행정 종합 정보화	시군구 21개 행정 업무의 정보화로 정보 공동 활용 및 제 증명 발급
	8. 전자 인사 관리 시스템	전 공무원의 생애 인사 정보 DB화

구분	사업명	주요 내용
전자 정부 기반 조성	9. 전자 결재 및 전자 문서 유통	전자 문서의 행정 기관 간 유통 촉진 및 문서 생산, 유통, 보존의 전자화
	10. 전자 서명 및 행정 전자 서명 확산	민·관의 공인 전자 서명 이용자 확대와 이용 분야의 다양화
	11. 통합 전산 환경의 단계적 구축	범정부적 정보 자원의 통합적 관리 체계 구축을 위한 업무 재구축(BPR)

자료: 전자정부특별위원회 백서편집위원회, 『전자정부백서』, 2003.

G4C는 통합 전자 조달에 세금 완납 증명과 사업자 등록 정보를 제공하고, 통합 전자 조달은 교육 행정에 입찰 정보 등을 제공한다. 또한 G4C는 4대 사회 보험에 주민 등록, 사업자 등록, 법인 등기부 등 정보를 제공하고, 4대 사회 보험은 교육 행정에 건강 보험, 국민 연금 정보 등을 제공하며, 교육 행정은 표준 인사 관리에 교원 인사 통계 등을 제공한다.

이렇게 얽혀 있는 부처 간 업무 프로세스를 최적화된 형태로 재구축하지 않으면, 전자 정부의 성과를 제대로 구현하기 어렵고, 또 다른 사일로(silo)를 만드는 결과가 될 수밖에 없었다.

11대 사업 중 현재 많은 국민이 사용하는 창구 민원 업무로 민원 서비스 혁신(G4C) 및 행정 정보 공동 이용, 국가 종합 전자 조달 시스템 구축(나라장터, G2B), 국세 정보 시스템(홈 택스, HTS), 그리고 통합 전산 환경 등 4개 사업을 꼽을 수 있다. 이들은 아날로그 방식의 행정 업무 처리 방식을 디지털 방식으로 극적으로 전환시킨 대표적인 사업이다.

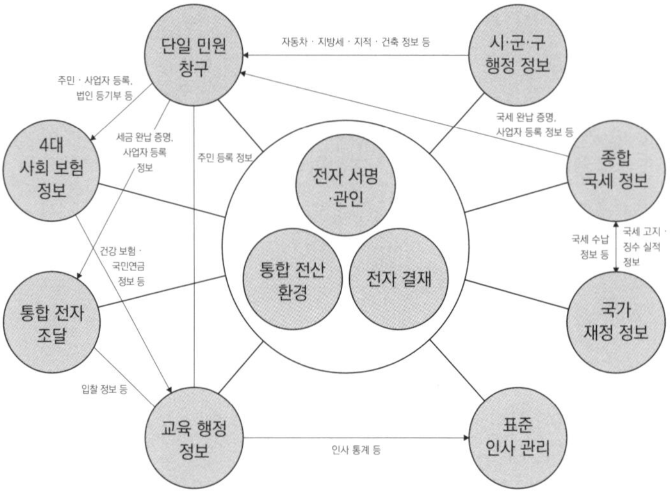

<그림 2-2> 전자 정부 11대 사업의 연계성

출처: 감사원, 「전자 정부 구현 사업 추진 실패 감사 결과」, 2003.6., p.27.

민원 서비스 혁신

민원 서비스 혁신 사업은 일선 창구 민원 업무를 전자적으로 처리하고, 행정 기관들이 보유한 정보를 다른 행정 기관과 공동 이용하는 시스템을 개발하는 사업이다. 주로 창구 민원을 전산화하므로, '시민을 위한 정부(G4C, government for citizens)' 사업으로 불렸다. G4C라는 이름은 기획예산처 실무 직원들의 아이디어였다.

G4C는 2010년 24시간 언제나 이용할 수 있는 민원 창구를 뜻하는 '민원24'로, 2017년 민원 서류 발급 및 다양한 행정 서비스와 정책 정보를 한곳에서 편리하게 이용할 수 있도록 통합 제공하는 '정부24'로 바뀌어 운영되고 있다. 정부24는 민원인이 해당 기관을 방문하지 않고 인터넷을 활용하여 '언제, 어디서나' 민원 서류를 신청

및 발급받을 수 있는 정부 대표 민원 포털이다.

2000년 8월에 출범한 대통령 자문 정부혁신추진위원회는 제1차 회의에서 지식전자정부계획(안)을 의결하였다. 지식전자정부계획(안)에는 기획예산처, 정보통신부, 행정자치부가 공동 주관하는 국민 지향적 민원 서비스 혁신 계획을 추진하는 전자 정부 사업의 대표 사업인 「정보화를 통한 민원 업무 혁신 사업(G4C)」을 착수하는 내용이 포함되었다.[36]

<그림 2-3> G4C 홈페이지의 첫 화면

당시 정부 개혁을 총괄하던 기획예산처 정부개혁실은 '민원 반으로 줄이기' 사업으로 대민 업무 재설계 및 정보 공동 이용 시스템

36 기획예산처, 국민의 정부 공공개혁백서, 2002; 대통령 자문 정부혁신추진위원회, 정부혁신추진위원회 활동보고서, 2002, 303쪽.

구 축을 추진하였다. 대표적으로 전체 민원 발생 건수의 80% 이상을 차지하는 주민, 부동산, 자동차, 기업, 세금 등 5대 민원 업무는 다수 부처가 연계되어 있는데 행정자치부, 건설교통부, 국세청, 대법원 등이 개별적으로 보유·관리하고 있었다. 이에 정보 연계를 통한 공동 이용이 핵심 과제가 되었다. 민원 안내나 증명서 발급 같은 창구 민원 업무는 단순 반복적이고 고객이 많은 정형화된 서비스로서, 민원 서비스 혁신의 가시적 효과를 국민이 쉽게 느낄 수 있을 것이라 판단했다. 따라서 G4C 사업은 전자 정부 단일 창구, 인터넷을 통한 민원 안내 및 신청, 행정 정보 공동 이용의 세 부분으로 구성되었다.

첫째, 단일 창구는 행정 기관들을 인터넷으로 통합 연계하여 각종 정보와 서비스를 제공하고, 민원 서비스를 안내 및 처리하는 정부 대표 포털 사이트이다. 그렇게 되면 국민은 모든 행정 기관의 개별 사이트를 일일이 찾지 않고 하나의 창구를 통해 쉽게 접근할 수 있다.

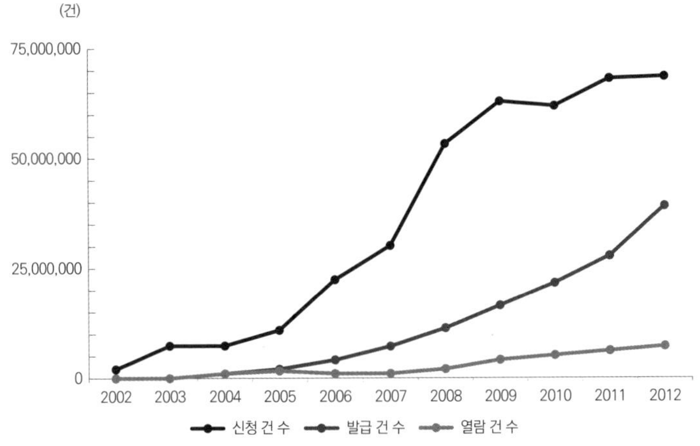

<그림 2-4> G4C의 민원 서비스 이용 현황

출처: e-나라지표, 정부민원포털 정부24 서비스 이용 민원 처리 건수

둘째, G4C는 행정 기관들이 수행하는 민원 업무를 전자화하였다. 기관 간에 공통되거나 유사한 업무의 각종 신고 서식을 통합 간소화 및 표준화하고, 필요 없는 첨부 서류를 폐지하였다. 4,000여 종의 창구 민원 내용과 처리 절차를 인터넷으로 안내하고, 주민 등록 등·초본, 납세 증명서, 토지 대장과 건축물 대장 등 390종을 인터넷으로 신청하며, 27종의 증명서는 인터넷으로 발급하게 되었다. BPR/ISP 보고서는 첨부 서류 감축에 따른 민원 서비스 개선 효과로, 최종적으로 민원인의 교통비와 민원 처리 시간 단축 등으로 절감되는 비용이 연간 5423억 원에 달할 것으로 추정하였다.

신청 및 발급 절차는 (1) 전자 정부 단일 창구 접속 → (2) 주민 등록 등본 발급 신청 메뉴 이동 → (3) 민원 신청서 작성 → (4) 전자 서명으로 본인 여부 자동 확인 → (5) 수수료를 신용 카드, 온라인 뱅킹 등으로 납부 → (6) 신청 완료 확인 → (7) 민원인이 선택한 우편/전자파일 등의 방법으로 신청 서류를 수령한다.

행정 정보 공동 이용

셋째, 행정 정보 공동 이용은 정부 개혁과 전자 정부의 꽃이다. 현대 행정은 수평적 분업과 전문화, 그리고 수직적 계층제 원리에 따라 기관별, 직위별로 권한과 책임을 분리하는 원칙을 따른다. 그러므로 수평적 협조와 조정이 어렵다. '칸막이 행정,' '사일로(silo)', '기관할거주의와 이기주의' 같은 말이 나오는 이유이다. 그러나 그런 분업은 정부 내부에서 알아서 적용하는 원칙일 뿐, 민원인은 자신이 원하는 서비스를 원스톱 패키지로 통합하여 받기를 원한다.

2001년에 제정한 <전자정부법>은 다른 선진국에는 없던 행정 정보 공동 이용 대상 정보 및 이용 절차를 포함하고 있다. 이에 따라 G4C 시스템에 행정 정보 공동 이용 서브 시스템을 개발하였다.

행정 정보 공동 이용의 가장 중요한 원천 정보는 주민 등록이다. 주민 등록 번호는 출생, 주소, 납세, 학력, 병역, 직장 등 개인의 각종 행정 정보의 인터넷 유통을 안내하는 신분 번호이기 때문이다. 행정자치부에서 지방 행정실 주민과와 전자 정부를 추진하는 행정정보화계획관실(국장급) 사이에 주민 등록 정보 공동 이용에 대한 이견이 표출되었다. 외부에서 영입된 개방형 직위의 행정정보화계획관은 부처 내에 기반도 약하고, 부서 간 순위도 밀려 갖은 노력을 기울여야 하였고, 특위 위원들에게 협조를 요청하기도 하였다. 주민 등록 정보가 우선 공유되지 않으면, 한 발짝도 나아갈 수 없었던 것이다.

공교롭게도 창구 민원 수요가 가장 많은 행정 정보는 주민 등록 정보(행정자치부) 외에도 건물과 토지 등 부동산(국토교통부), 가족 관계 등록(대법원), 국세(국세청) 같은, 소위 '권력 기관'이 관장하는 정보들이었다. 이들 기관들은 개인 정보 유출 책임, 법률적 정보 보유권, 수수료 문제 등을 둘러싸고 장기간 공동 이용에 난색을 표하였다.

대법원은 삼권 분립론을 내세우면서까지 호적 민원의 공동 이용에 반대하였다. 법원행정처는 정보공동이용센터를 통한 호적과 등기 정보 제공은 동의했으나, 호적 신청 민원은 독립적인 인터넷 서비스를 개발하고, G4C에는 링크만 허용하겠다는 입장을 끝까지 고수하였다. 그리고 발급 민원을 제외한 호적 민원 신청은 모두 서비스 대상에서 제외했다.

국세청은 <국세기본법> 제81조의 13(비밀 유지) 제1항에 '세무 공무원은 납세자가 세법에서 정한 납세 의무를 이행하기 위하여 제출한 자료나 국세의 부과·징수를 위하여 업무상 취득한 자료 등을 타인에게 제공 또는 누설하거나 목적 외의 용도로 사용해서는 아니 된다.'는 규정을 들어 정보 제공에 반대하였다. 다른 부처들도 비슷한 이유로 반대했다. 그래서 몇 가지 중요한 민원 서비스들이 사업 범위에서 빠졌다. 그런 만큼 행정 정보 공동 이용은 시스템 개발이라는 기술적 요인보다 훨씬 험난한 노력이 부처 간 합의 도출에 투입되었다.

G4C 시스템에서 4대 기관이 보유한 행정 정보 20종을 269개 공공 기관이 이용한 실적은 첫해인 2003년에 306만 건이었으나, 2005년에는 844만 건으로 3배(276배), 2007년에는 2천766만 건(904배)로 급증하였다(<표 2-3>). 새로 구성된 전자정부특위의 위원장은 2005년 7월 대통령이 주재한 국정과제회의에서 「범정부적 행정 정보 공동 이용 확대 계획」(보유 기관, 이용 기관, 이용 종 수의 확대)을 보고하고, 행정정보공유추진위원회를 설치하여 구체적인 계획을 수립, 집행하였다.

<표 2-3> G4C의 행정 정보 공동 이용 현황

구분	2003	2004	2005	2006	2007
대상 정보 종수(개)	20	20	24	34	42
공동 이용 기관(개)	269	270	281	286	315
이용 실적(만 건)	306.2	498.6	844.3	2368.4	2766.2

출처: 행정안전부, 『전자정부사업 백서:2003-2007』, 2008, p.161.

공동 이용의 효과는 매우 크게 나타났다. 예를 들면, 여권 발급 정보화는 신청 서류, 신청 장소, 소요 시간 등 큰 혁신 효과가 나타났다. 과거에는 여권 신청서와 주민 등록 초본, 병적 증명서(남성), 납세 증명서 등 7종의 첨부 서류를 챙겨 세종로 정부종합청사 외교부 여권과에 접수하고, 2주가 지나면 다시 방문하여 발급된 여권을 받았다. 여권 신청에 필요한 첨부 서류를 떼기 위해 동사무소, 병무청, 국세청을 며칠간 돌아다녀야 했다.

그러나 개선 이후에는 여권 신청서를 주거지나 직장 인근의 시·군·구청에 접수하고, 첨부 서류는 여권 신청서의 공동 이용 시스템 사용 동의란에 동의하는 것으로 대체되었다. 신청에 30분이면 족하고, 첨부 서류들의 진위 여부도 기관 간의 공동 이용 시스템으로 실시간 확인이 되면서 발급 시간도 대폭 줄어들었다.

<표 2-4> 여권 발급 절차의 혁신과 정보 공동 이용 효과

구분	개선 이전	개선 이후
신청 서류	- 여권 신청서 - 기관별 첨부 서류 7종	- 여권 신청서 - 첨부 서류 일체 불필요
신청 장소	외교부 여권과	주거지 인근 시·군·구청
소요 시간	신청 1주일 소요, 신청 2주 후 방문 수령	신청 30분 소요, 신청 1주일 후 우송
조건	없음.	행정 정보 공동 이용 시스템 이용 동의

출처: 필자 작성

행정 정보 공동 이용 시스템은 34개 기관이 보유한 164종의 행정 정보를 801개 행정·공공·교육 기관이 활용하여 총 2909백만 건을 활용하였다(2022년 12월). 이 수치는 2003년에서 무려 949배가 증가한 것으로, 그에 비례하여 국민이 부담할 각종 비용도 엄청나게 절약되었다.

민원인이 관청을 방문하여 첨부할 종이 증명 서류의 발급에 드는 간접 비용(방문 및 대기 시간 비용)을 제외한 직접 비용(시내 교통비+수수료)을 3,000원으로 보고 30억 건과 곱하면 연간 9조 원 정도를 절감한 셈이다. 국민이 정부나 법원에 제출하는 민원 신청서에 두툼하게 붙이던 첨부 서류를 생략하고 공동 이용 시스템으로 확인하기 때문이다. 그 출발은 김대중 정부의 G4C 시스템이었다.

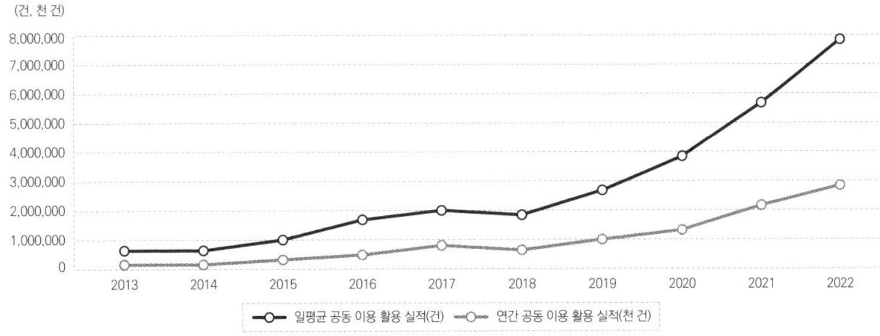

<그림 2-5> 행정 정보 공동 이용 건수의 연도별 추세(2013-2022)

출처: e-나라지표, 행정 안전부 행정 정보 공동 이용 총괄표

전자 조달

공공 조달은 정부와 민간 기업 간의 대표적인 시장 거래 유형이다. 전자 정부에서 전자 조달(G2B)은 현재 공공 부문이 공통적으로 사용하는 플랫폼 이름인 '나라장터(KONEPS)'의 원형이다. 우리나라의 공공 조달은 2001년에 일반·특별 회계·기금 등 중앙 정부 세출 예산과 공기업의 기업 특별 회계를 합친 통합 재정인 142조 원 중 67조 원(47%)에 달할 정도로 국가 재정 지출에 큰 파급 효과를 가진 영역이다.

조달 행정은 국가 예산 집행의 책임성 확보와 절차적 정당성을 확보하기 위해 전통적으로 복잡한 절차와 많은 구비 서류를 제출해야 하였다. 그런 만큼 조달은 복잡한 행정 절차와 그런 절차에 따른 부패와 비리가 사회적 논란 대상이 되어 왔다. 각종 물품 구매, 시설 공사 계약 등, 조달 행정은 모든 공공 기관의 공통 업무이기도 하다. 이런 점들은 전자 정부 시스템 구축의 필요성을 높여 주었다.

이에 기획예산처, 산업자원부, 정보통신부, 조달청 등 9개 정부 부처로 실무 추진단(단장: 기획예산처 행정개혁단장)을 구성하고, 조달 업체, 관련 협회, 민간 표준화 단체, 공공 기관 등 다양한 이해관계자들의 의견과 전문가 자문을 거쳐 '조달 업무 재설계화 정보화 전략 계획'을 완료하였다. 그리고 조달청 주관으로 시스템 구축 사업을 마무리하였다.

인터넷 기반의 전자 조달 사업을 추진하자, 조달청과 각 기관의 조달 부서는 다른 선진국들은 아직 시행하지 않고 있고, 컴퓨터 바이러스나 각종 해킹에 취약한 사이버 보안 문제가 발생할 수 있다는 이유로 반대하였다. 무엇보다 전자 조달이 물품 구매와 대금 지급이라는 핵심적인 전자 거래 과정을 거치기 때문이었다.

전자 조달은 종전의 복잡한 절차와 서류 중심의 조달 업무를 획기적으로 재설계하여, 모든 조달 절차를 인터넷으로 온라인 처리하고, 조달 단일 창구를 구축하는 사업이다. 이를 통해 공공 조달의 효율성과 투명성을 제고할 수 있다.

첫째, 사업은 단일 조달 창구를 구축하여 정부 및 공공 기관과 거래하려는 기업들에 단일의 접점을 제공하였다. 조달 업체들은 전국 어디서나 인터넷 단일 창구에 접속하여 전국 혁신 도시들의 모든 공공 기관의 발주 정보를 쉽게 확인하고, G2B 시스템에 1회만 등록하면 원칙적으로 모든 기관의 입찰에 참여할 수 있으며, 조달 과정의 진행 상황을 실시간으로 확인할 수 있게 되었다. 예컨대 과거에는 충청 지역의 토목 공사에 영남과 호남 소재 기업들은 입찰 정보 부족과 지리적·시간적인 장벽으로 입찰에 참여하기 어려웠으나, 전자 조달 시스템을 통해 쉽게 전국 어디에서나 입찰할 수 있게 되었다. 그 결과 경쟁 확대로 비용을 절감하고, 투명성 증가로 입찰 비리도 최소화할 수 있게 되었다.

둘째, 정부의 물품 구매 절차는 물론, 대금 지급 절차도 대폭 간소화한 후 전자화함으로써 불필요한 서류를 감축하고 시간을 단축했다. 아울러 조달 업체 간 경쟁을 촉진하여 낙찰 가격을 낮춤으로써 국가 예산을 절약할 수 있었다.

마지막으로 민간 전자 상거래 업체와 호환성, 국제 간 표준 준수 등을 위해 물품 분류 체계를 전자 상거래에 적합한 UNSPSC 체계에 따라 표준화하였다.

온라인 시스템을 구축함으로써 구매 요청·적격 업체 심사·입찰 참가 신청·상담·낙찰자 선정·계약·보증서 제출 등, 조달 과정 전반이 온라인으로 진행되면서 납품 업체 담당자와 조달 담당 공무원이 대면할 필요가 없어졌다. 비대면은 조달 비리의 방지 효과를 거둘 수 있다.

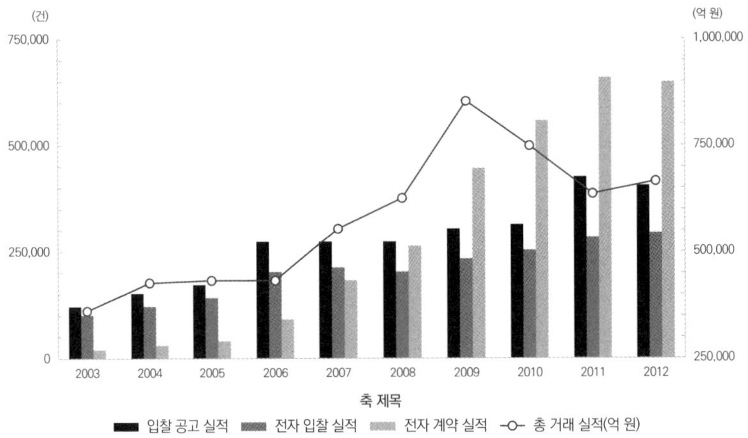

<그림 2-6> 나라장터 운영 실적

출처: e-나라지표

조달 물품 납품 후 국고 수표를 발행하여 지급하던 대금도 등록 계좌로 자동 이체되어 보통 2주일 걸리던 대금 지급 절차가 수시간 내로 단축됨으로써 조달 업체의 자금 유통이 원활해졌다.

전자 조달 시스템 개발 사업의 경제적 정당성은 정부와 공공 기관 등의 조달 예산 절감 비용이 3조 2천억 원 정도에 달한 데에서도 찾을 수 있다.

홈 택스 서비스

세무 행정은 전통적으로 부패와 비리가 빈번히 발생하는 영역이고, 세무 공무원의 불법적, 탈법적인 일탈 행위에 따라 정치·사회적 안정이 영향을 받기도 하였다.

홈 택스 서비스(HTS)는 납세자를 상대로 하는 창구 민원으로서, 정보화가 시급한 대표적인 전자 정부 사업이었다. 즉, 이 사업은 납세자가 세무서에 직접 방문하지 않고도 가정이나 사무실에서 인터넷으로 세금 업무를 전자 고지, 전자 신고, 전자 납부, 전자 민원 방식으로 처리할 수 있도록 국세 행정 서비스를 제공하는 시스템을 개발하는 것이었다. 홈 택스 서비스가 개시되면 일반 납세자의 60%, 세무 대리인(세무사)의 95% 이상이 이를 활용하도록 하였다.

기술적으로 홈 택스는 전자 납부를 위한 금융 기관과의 연계, 전자 납부를 위한 결제 대행 기관인 금융결제원과의 연계, 내국세 부과·징수 업무를 위한 재정경제부 재정정보시스템과의 연계, 행정정보 공동 이용을 위한 행정자치부의 G4C와의 연계 등, 세금의 전자 결제를 통한 납부를 위하여 관련된 여러 부처들을 연계하는 것이 핵심 과제였다.

홈 택스는 개발 단계에서 납세자가 관공서 등을 방문하는 데 따른 교통비와 인건비, 서식 구입비 등과 은행 등 금융 기관의 수납 처리 비용, 민원 업무 처리 비용 등 연간 약 1460억 원 이상의 사회적 비용 절감 효과를 낼 것으로 추정되었다.

2003년 1월부터 납세자의 부가 가치세와 원천세 등, 간접세의 전자 신고를 시작으로 2004년 이후 소득세, 법인세 같은 직접세 분야도 전자 신고 대상으로 확대해 나가게 되었다. 현재 많은 직장인과 일반 국민이 1월 소득세 연말 정산과 5월 종합 소득세 신고의 간소화를 통해 누리는 국민의 편의성을 포함한 막대한 사회 비용 절감 효과는 2002년 구축한 홈 택스 서비스에서 비롯되었다.

나머지 사업들

국민 다수가 가입해 있는 국민연금, 건강 보험, 고용 보험, 산업 재해 보상 보험 등 4대 사회 보험은 2000년까지 제도 간 상호 연계성 없이 각각 독립적인 정보 시스템을 구축·운영하였다. 가입자 개인별 정보의 50% 정도가 중복되어 있었기 때문에, 정보의 수집, 이용, 보관에 불필요한 비용이 지출되었다.

4대 사회 보험 정보 연계 시스템 사업은 4대 보험 정보를 서로 연계하여 민원 서비스 창구를 일원화하고, 각 사회 보험을 관장하는 공단들의 공통 업무를 통합 처리하는 것이다. 공통 신고 접수 및 첨부 서류 감축에 따른 민원 서비스 개선 효과는 민원인의 교통비, 민원 처리 시간 단축 등 연간 5423억 원 정도로 추정되었다. 사회 보험별 별도 징수 체계로 국민이 불편하고, 업무 처리도 비효율적이어서 통합 징수 정보 시스템을 추가 개발하였다.

교육 행정 정보 시스템(나이스, NEIS)은 교육부, 시·도 교육청, 산하 기관, 초·중등학교 등 1만 2,000여 개 학교와 교육 기관의 인사, 급여, 입학, 교무·학사 등 행정 업무를 전자적으로 연계 처리하는 것이다. 이에 따른 행정 간소화로 교원 업무 경감, 자녀의 학교 생활 정보 제공으로 학부모의 역할 제고, 국민에게 편리한 민원 서비스 제공, 교육 행정 업무의 효율적 처리 효과를 기대하였다.

때마침 시스템 가동이 노무현 정부 출범 시점에 이루어지면서 일부 교원 및 시민 단체의 목소리가 커지던 시점이었다. 이들이 나이스 시스템을 부정적인 의미로 네이스(Nays)로 부르면서 학생 인권 침해 문제를 제기하여 27개 하위 시스템 중 3개 하위 시스템에 대한 3년 정도의 수정 보완을 거친 뒤에야 본격 가동되었다. 인권과 사생활의 보호에 대한 남다른 인식을 가진 김대중 대통령으로서는 다소 껄끄러운 상황이 발생한 것이다. 그러나 나이스 시스템 사례는 우리 사회에 개인 정보 보호의 중요성을 재인식하는 계기가 되기도 하였다. 종합적으로 나이스 시스템에 투입한 비용에 비해 얻는 편익은 7배나 큰 것으로 추정되었다.[37]

시·군·구 행정 종합 정보화는 전국 232개 시·군·구에서 공통적으로 수행하는 21개 행정 업무를 민원 서비스 측면에서 법·제도를 정비하고, 민원 및 내부 업무를 재설계 및 표준화하여 민원 처리 절차를 대폭 간소화하며, 내부 업무 간 및 시군구 간 정보의 공동 이용을 통해 효율성을 도모한 내부 업무 혁신 사업이다.

---

37 송희준·이옥화, 「교육정보화 성과분석」, 정보통신정책연구원 편, 『경제·인문사회연구회 협동연구총서』 07-09-10, 2007.

국가 재정 정보 시스템은, 당시 현금주의 및 단식 부기 위주의 정부 회계 제도를 발생주의 및 복식 부기로 혁신하고, 국가 예산의 편성·집행, 기금·자산·부채 관리, 회계·결산 등 재정 업무 전 과정을 유기적으로 처리하는 정보 시스템을 구축하며, 재정 관련 시스템들을 서로 연계하여 실시간으로 처리하는 시스템을 구현하는 사업이다.

통합 전산 환경 구축 사업은 사업 추진 주도권과 완공 후 범정부 통합 전산실 운용 주체를 둘러싼 이견으로 김대중 정부에서 본 사업은 시작하지 못하였다. 그렇지만 사이버 보안을 강화하면서 24시간 365일 전자 정부 서비스를 하려면 영세한 부처 전산실의 통합 운영이 절실하였다. 조사 결과 부처 전산실 공간이 좁고, 소화기와 항온 항습기 등 기반 시설이 부족하였다. 백업 및 원격 백업 체계도 없고, 해킹 등 사이버 공격에 대응하는 보안 모니터링 체계도 없었다. 정보 기술 전문 인력도 태부족이었다. 관료제적 행정 문화에서, 고위 의사 결정자의 정보화 인식이 부족하고, 전산직 공무원의 입지가 좁아 부처별 사업 예산에서 정보화 예산의 우선순위가 항상 뒤로 밀렸기 때문이다.

이에 따라 다음 정부에서 실시간 상호 백업, 신속한 장애 복구, 클라우드 컴퓨팅, 사이버 보안을 대폭 강화한 범정부 데이터 센터가 설치되었다. 현재 국가정보자원관리원은 48개 행정 기관의 1,100여 개 정보 시스템을 통합 관리한다. 이로써 시스템 장애 시간이 월 평균 67분(2004년)을 5.4초(2010년)로 크게 감소하였다.

그 밖에도 정부 내부 업무로서 행정 공무원의 인적 자원 관리 수준 향상을 위하여 중앙인사위원회(현 인사혁신처)의 인사 정책과 각 부처 인사 담당자들의 업무 효율화를 위해 전자 인사 관리 시스템을 개발하였다.

전자 정부 기반 조성을 위해 전자 결재 및 전자 문서 유통, 그리고 전자 서명 및 행정 전자 서명 확산도 11대 사업에 포함되었다.

여소야대 국회와 법령 정비

전자 정부 사업과 관련된 법과 제도의 정비는 필수적이다. 민원 서류 폐지와 감축, 서식 표준화, 기관 간 정보 공동 이용, 행정 정보 공개 등, 기존 업무 프로세스를 분석 및 재설계한 최적화된 업무 프로세스를 시스템으로 개발해야 하기 때문이다. 그래야 효율성과 대민 서비스 개선 효과가 극대화될 수 있다.

김대중 정부는 <정보화촉진기본법>, <전자서명법>, <전자정부법> 등 관련 법 제도를 정비하였다. 2001년 7월 <전자 정부 구현을 위한 행정 업무 등의 전자화 촉진에 관한 법률(이하 <전자정부법> 약칭)>이 제정되어 개별 법령을 일일이 개정하지 않고도 사업을 추진할 수 있는 법률적 토대를 마련하였다. <전자정부법>은 미국보다 1년 빨랐다. 전자 정부 구현 및 운영을 위한 기본 원칙은 국민 편익 우선, 업무 혁신 선행, 행정 정보 공개, 행정 정보 공동 이용, 개인 정보 보호, 소프트웨어 중복 개발 방지, 그리고 기술 개발 및 운영 외주의 원칙 등을 포함하고 있다. 그러나 부처 간 할거주의가 극심한 행정 문화에서 이런 포괄적인 기본 원칙은 부처들이 개별적으로 따르는 다른 법령들을 이것에 맞도록 개정하지 않으면 적용상의 한계가 있을 수밖에 없다.

법령 정비의 기본 원칙은 <전자정부법>을 근거로 전자 정부를 추진하되, 개별법도 전자 정부 환경에 맞게 정비하는 것이었다. 기존 법령은 아날로그 상황을 전제로 규정하고 있어서 <전자정부법>과 충돌하기도 하고, 법 해석상 전자 문서 사용이나 행정 정보 공동 이용이 어려운 경우도 많았다. 또 담당 직원은 전자적 업무 처리의 근거 규정이 없으면 책임 추궁을 당할 우려 때문에 주저할 수도 있었다. 그러므로 전자 정부 사업 이후에 발생할 수 있는 법적 분쟁을 예방하고, 사업의 법적 근거를 개별 법령에 명확하게 제시하고자 했다.

이를 위하여 전자정부특위은 2001년 8월 전문가로 구성된 법령정비팀을 출범시켰다. 법령정비팀은 사업 관련 기관들의 협조를 얻어 11대 사업 중 8개 사업에 대하여 일차적으로 총 207개 법령(법률 48개, 시행령 등 53개, 시행규칙 등 101개, 고시 등 5개)을 조사 정리하였다. 그중 전자 정부 서비스 개시 시점인 2002년 정기 국회까지 정비할 법률을 18건으로 압축하고, 서비스 개시에 필수적인 법률 11건을 모두 처리하여 법적 장애를 발생시키지 않았다. 그러나 나머지 법률 7개는 2002년 말까지 국회에 계류되었다.

시행령은 정부의 국무회의에서 개정하면 되므로 큰 쟁점이 없는 한 계획대로 개정되었으나, 법률은 국민의 선택에 따라 만들어진 여소야대의 국회 의석 분포 때문에 정부가 원하는 일정대로 개정되지 못하였다. 1996년 제15대 총선에서 제1야당인 새정치국민회의는 79석으로 여당인 신한국당의 139석보다 적었고, 2000년 제16대 총선에서도 여당인 새천년민주당이 115석으로 제1야당인 한나라당의 133석보다 적게 얻었다. 그런 만큼 김대중 정부는 5년 내내 국회의 과반 다수당 지위로 안정적인 법률 제·개정권을 확보하지 못하였다. 1997년 대선에서 김종필 총재의 자민련과 협력하여 연립 정부를 구성하였으나, 여소야대 정국 자체를 해소하지는 못하였다. 야당에도 정보화 전도사들이 있어서 정보화 정책에 대한 협조를 아끼지 않았으나, 당론으로 법률 제·개정에 반대하면 해결 방법이 없었다.

그 결과 전자 정부 사업이 초당파적이고 탈이념적인 의제임에도 불구하고 소수 여당과 다수 야당 사이에 밀고 당기는 게임 상황이 전개되고는 하였다. 특히 전자 정부 서비스 개시 시점이 차기 대선이 예정된 2002년 말에 가까워지면서 여야 간 줄다리기가 극심해졌다. 이에 따라 전자 정부 사업도 불필요한 정쟁의 소용돌이에 빠져들게 되었다. 청와대 비서실과 정부는 물론, 전자정부특위 위원들과 법률 정비팀까지 총동원되어 국회의원들을 상대로 설득과 협상을 해 법률이 제 때에 개정될 수 있도록 노력하였다.

성공을 가져온 핵심 요인들

전자 정부가 단기간에 성공을 이룬 핵심 요인, 즉 핵심 성공 요인(CSF)은 무엇인가?

첫째, 김대중 대통령의 리더십이다. 정책학은 흔히 정책 의제의 주도자를 외부의 언론과 전문가가 주도하는 외부 주도형, 정치 지도자가 이끌어 가는 동원형, 행정 관료들이 추진하는 내부 접근형으로 분류한다. 1990년대의 국가 정보화는 "산업화는 늦었지만, 정보화는 앞서 가자."라는 구호 아래 정보화 전문가와 언론이 주도하는, 일종의 외부 주도형이었고, <정보화촉진기본법>에 따라 정보화 촉진 기본 계획 및 연도별 실행 계획은 각 부처가 집행하는 내부 접근형이었다. 그러나 전자 정부만큼은 김 대통령의 강한 의지를 실천하기 위해 청와대 정책기획수석실과 전자정부특위가 기획 및 점검·평가한 전형적인 동원 모형이다.

OECD는 정책기획수석과 전자정부특위의 비상설 협업 구조가 사업 초기 부처들의 내부적 저항과 부처 간 갈등에서 발생할 수 있는 불확실성을 변화로 이끄는 데 결정적 역할을 했다고 평가하였다.[38] 김 대통령은 사업의 시작부터 끝까지 꼼꼼히 챙겼다. 세 차례에 걸친 전자정부특위의 대면 보고를 직접 받았고, 그때마다 메모해 온 착안점과 유의 사항을 강조하였다. 정책수석은 대통령에게 2주마다 전자정부 추진 상황을 보고했다.

김 대통령은 "관료들이 무모하다고 여길 정도로 밀어붙였다. 빛과 같은 속도로 변하는 디지털 시대에 한 번 뒤처지면 도저히 따라잡을 수 없을 것이라는 판단에서였다. …… 대통령의 성화에, 또 계속되는 '정보화 정책 점검'에 일부에서는 불평도 있었다. 나는 그래도 멈추

38 OECD, The e-Government Imperative, 2004, p.95.

지 않았다."라고 증언하였다.[39] 대통령은 정책 점검을 멈추지 않았고, 관료들은 대통령의 성화에 마지못해서라도 응했다. "대통령으로부터 전자 정부에 대한 말씀을 귀가 따갑도록 듣는다."라는 얘기가 관가에 떠돌 정도였다.

둘째, 적절한 타이밍과 전략적 우선순위 설정이다. 임기 초반에 불가피하게 단행한 4대 부문 구조 조정은 외형적 성장으로 승승장구하던 개발 경제에 익숙한 국민에게 충격을 주었다. 많은 직장인이 실업자로 밀려나고, 사업의 장래가 불투명한 자영업자로 바뀌었다. 언론은 구조 조정의 불가피성을 역설하면서도, 인력 감축과 실업으로 인한 사회 불안을 지적하였다. '개혁 피로감'이 급격히 높아지는 징후였다. 김대중 정부는 구조 조정 같은 딱딱한 경성 개혁을 정보화와 전자 정부라는 부드러운 연성 개혁으로 전환하였다.

국민과 기업인에게 많은 편익을 줄 수 있으면서도 남은 임기 동안 실현이 가능한 사업을 11개로 축소 확정하여 집중 추진하였다. 창구 민원과 조달 등, 다부처 사업을 통해 일반 국민과 기업인에게 편의를 최대화하였다. 특히 정부가 전자 정부 서비스를 공급하면, 수요자인 국민은 서비스를 받는 편익을 누리고, 그 편익이 커지면 정부는 서비스를 다시 업그레이드하여 양질의 행정 서비스를 확대하는 선순환 고리로 만드는 것이다. 이런 행정 서비스 공급 전략이 우리나라를 세계 1등의 전자 정부 국가로 만드는 데 기여하였다.

---

39 김대중,『김대중 자서전 2』, 삼인, 2010, p.440.

셋째, 사업 예산을 적시에 적절한 규모와 방법으로 투입하였다. 11대 사업을 확정한 전자정부특위와 부처별 사업 추진팀이 당면한 현안 과업은 2000억 원의 사업 예산 확보였다. 청와대는 각 부처가 사업비를 이미 정기 예산에 신청한 경우에는 예산이 삭감되지 않고 배정되도록 조치하였고, 부처별 예산이 확보되지 않는 경우는 정보화촉진기금을 활용하도록 하였다. 이전에도 정보통신부는 부처들이 정보화 사업 예산의 50%를 부처 예산으로 확보하면, 정보화촉진기금으로 나머지 50%를 지원하는 인센티브 시스템을 통하여 정보화를 촉진하였다.

'대통령 보고회의'에서 전자 정부에 대한 대통령의 강력한 의지를 직접 확인한 기획예산처 차관과 정보통신부 차관이 예산 확보를 주도하였고, 그 과정에서 청와대 비서실 정책수석과 기획조정비서관의 역할이 컸다. 부처 예산에서 번번이 후순위로 밀리기만 하던 전자정부 예산이 순조롭게 배정되자, 사업 자체에 반신반의하던 부처들도 적극적으로 참여하기 시작하였다.[40]

넷째, 치밀한 조정 및 점검 평가 체제이다. 단일 기관 업무가 아니라, 연계된 다부처, 범부처 업무의 정보화는 당연히 기관 간 협조와 조정이 중요하다. 김 대통령은 2001년 5월 8일 국무회의에서 "현재 전자 정부는 부처 이기주의로 답보 상태에 빠져 있다."라고 질타하고, 곧이어 5월 17일에 개최된 '전자 정부 구현 전략 보고 회의'에서

40 전자정부특별위원회 백서편집위원회, 앞의 책, p.58.

"전자정부특위는 각 부처의 추진 상황을 면밀하게 살펴 문제점이 있으면 조정하고, 또 점검하여 시정하는 한편, 더 이상의 문제가 있으면 대통령에게 건의해 달라."라고 특별 주문을 하였다.[41]

정부 개혁을 맡은 기획예산처, 행정 관리 및 민원 업무를 맡은 행정자치부, 정보화와 정보 기술을 맡은 정보통신부는 전자 정부 추진 체계부터 사업들의 범위와 내용, 방법을 둘러싸고 여러 차례 이견을 드러냈다. 하지만 대통령 의제만큼은 비교적 원활하게 협력하였다.

그러나 개별 과제를 둘러싼 부처 간 대립과 갈등은 심하였다. 각종 회의에서 부처 간 조정을 주도하는 특위 위원들과 개별 부처 추진단 사이의 갈등과 충돌은 다반사였다. 조정이 실패하면 전자정부특위는 청와대에 보고하였고, 청와대는 관련자들의 입장을 듣고 합리적인 방안을 결정하였다. 이와 같은 다각적인 점검 평가가 전자 정부 사업의 기간 내 완성에 결정적으로 기여하였다.

사업의 원활한 진척을 위한 독려 및 점검 평가는 전방위적이었다. 대통령 비서실장은 차관들과 특위 위원들을 식사에 초대하여 강력하게 독려하였다. 어떤 사업에서는 청와대 기획조정비서관이 사업 추진에 반대하는 부처 실무 과장을 청와대 사무실로 불러 서류를 던지면서까지 큰 목소리로 질책하였고, 개방형 직위로 부처 전산 업무를 맡았던 그 과장은 임기를 채우지 못하였다. 전자특위 본회의에 차관 대신 차관보가 대리 참석하자 위원장이 차관이 무관심하다면서

41 전자정부특별위원회 백서편집위원회, 위의 책, p.321.

공개 경고를 하기도 하였다. 소문이 관가에 입소문으로 퍼져 이후 각 급 회의에 고위직 참여율이 크게 높아지고, 실무자들의 태도가 달라졌다.

김 대통령은 감사원장에게 부처 간 협조 등, 전자 정부 사업의 장애 요인을 찾아 신속히 조치하도록 하였다. 감사원장의 지시에 따라 감사관들은 11대 사업의 진행 상황을 꼼꼼히 감사하였고, 이에 공무원들이 움츠러들어 오히려 사업 진행이 지체될 기미를 보이자, 전자정부특위 위원장이 불만을 터뜨리기도 하였다. 김대중 정부가 끝난 이후에 발표된 종합 감사 결과, 11대 사업 중 근본적인 문제점의 시정 요구 사항이 부처에 통보된 사례는 없었다.

다섯째, 치밀한 프로젝트 관리이다. 거의 매주 개최되는 실무위원회는 구체적인 사안에 대해 조정을 하였고, 조치 사항을 지속적으로 확인하였다. 시스템 개통 이후에는 각 행정 서비스에 대한 모니터링을 계속 실시하였고, 그 결과를 반영하여 서비스를 수정 보완하였다.

전자정부특위 민간 위원들도 2개의 사업별 책임 관리자가 되었다. 통상 정부의 위원회는 의존 관계를 유발할 위험 때문에 개별 위원에게 특정 사업에 대한 권한과 책임을 분담시키지 않지만, 특위의 각 민간 위원은 과제를 2개씩 담당하여 책임지고 추진하였다.

사업에는 국내 최고의 정보 기술 전문 기관과 민간 전문가들이 동원되었다. 한국전산원은 많은 인력과 기술을 지원하였다. 11대 사업 전담 기관으로 사업의 전 단계의 방향 설정 및 기본 계획 수립, 사업 간 상호 연계를 위한 상호 운용성 지침 개발, 시스템 운용 모니터링 등 실질적인 사무국 역할을 성공적으로 수행하였다. 그 밖에도 정보통신정책연구원, 교육학술정보원 등도 전문 지식과 경험을 보탰다.

<전자정부법> 제14조(전자 정부 사업의 개발 및 운영의 외주 원칙)는 경제성과 효과성, 보안성을 고려하여 외주(아웃소싱)를 주도록 하였다. 사업은 행정 기관 전산실이 직접 개발하지 않고, 검증된 기술과 개발 방법론을 가진 삼성, LG, SK 같은 대기업 그룹에 공정한 경쟁 입찰을 거쳐 외주하였다. 정해진, 짧은 기간 내에 사업을 완수하기 위해 기술력과 시장 평판도가 높은 업체들이 선정된 것이다. 형식적으로는 <국가를 당사자로 하는 계약에 관한 법률>에 따라 발주하는 행정 기관이 '갑', 수주하는 업체가 '을'이지만, 실제로는 행정 기관과 기업이 상호 의존하는 민관 파트너십이었다. 발주 기관은 사업 수주 업체에 대해 대민 서비스의 개선된 성과를 평가하고, 미흡한 부분을 개선하여 약정된 서비스 수준을 확보하도록 서비스 수준 약정(SLA)을 확약받는 계약을 체결하였다.

김 대통령은 소프트웨어 산업 육성을 강조하였으나, 전자 정부 전문 중소기업이 나오지 못하고 대기업 쏠림 현상이 심하여 사회적 비판도 있었다. 그 이후 업무 재구축, 정보화 전략 계획, 본사업 운영 등, 전 과정을 특정 업체가 독점하지 못하게 하는 단계별 분리 발주 규정과 전자정부 사업에 대한 대기업 참여 제한 규정을 도입하였다.

한편, 시스템 개발에서 사실상 시장 표준이던 마이크로소프트의 독점 운영 체제(OS)를 비용을 지불하고 사용하였다. OECD도 신기술이 좋아 보이더라도, 사업의 실패 가능성을 줄이려면 잘 검증된 접근 방법이나 표준 기술의 채택이 바람직하다고 권고하였다.[42] 그 결과 하드웨어와 통신 장비, 소프트웨어 운영 체계의 구입 비용이 주로 외국 업체에 지불됨으로써 국내 소프트웨어 산업 진흥이 미진하다는 지적을 받았다. 사업 주관 부처 공무원들이 시스템 실패를 두려워하여 리눅스 같은 오픈 소프트웨어 개발을 기피하였던 것이다.

여섯째, 전자 정부에 대한 공직자들의 인식 전환을 위한 노력이다. 김 대통령 스스로 사업의 중요성을 인식하고 이메일 활용, 인터넷 활용, 정보 격차 해소 등에 끊임없는 인식 제고 노력을 기울였다.

공직 사회의 신기술 기피 현상은 어제오늘의 일이 아니었다. 김 대통령도 신기술과 컴퓨터에 대한 두려움이 있었다. 2000년 2월 15일 '전자 상거래 추진 전략 민관 합동 회의'에서 "나도 피로를 느낍니다. 나도 컴퓨터를 잘하지 못합니다. 나이가 많다는 것도 피로를 느끼게 하는 요소입니다. 그러나 지금 시대는 그것을 알 것을 요구하고 있습니다. 미래는 빛의 속도로 발달하고 있고, 쉬고 싶어도 쉴 수 없는 살기 힘든 세상입니다. …… 전자 상거래 시대에 대비해야 하며 글로벌 경쟁 시대에서 이겨 내지 못하면 장래가 없습니다."[43]라고 솔직하게 피로감을 토로하면서도 앞으로 나가야 한다고 강조하였다.

전자특위 본회의가 2001년 3월 청와대에서 열렸을 때 일부 차관

---

42 OECD, "The Hidden Threat to E-Government: Avoiding Large Government IT Failures", PUMA Policy Brief, 2001, No.8.

43 조선일보, "나도 정보화 피로하지만...", 2000.2.16. 4면.
https://archive.chosun.com/pdf/i_service/pdf_ReadBody_s.jsp?Y=2000&M=02&D=16&ID=0002160407

들은 "전자 정부를 모르니 잘 지도해 달라."라고 부탁하였다. 청와대 비서실에서 전자 정부 실무 진행 총괄 지휘를 한 김영주 기획조정비서관도 "BPR/ISP, 공인 인증, C/S 방식···. 여러 차례 구체적인 설명을 듣고 이해를 해 두어도 며칠만 지나면 또 미궁 속이었다. 전자 정부는 국민과 기업에 '쉽게 편리한' 서비스를 제공하고 국가 경쟁력을 높이는 사업이지만, '어렵고도 머리 아픈' 일이었다."라고 회고하였다.[44] 이 말은 겸손의 뜻을 표명한 것으로 받아들여졌지만, 일부는 전자 정부가 무엇인지 실제로 잘 몰랐을 수도 있고, 주요 관심사가 아닐 수도 있었다.

공직 사회는 환경 변화에 둔감하다는 지적이 많다. 혁신을 주도하는 정보 기술의 특성과 명칭을 줄인 각종 축약어에 기가 질리는 기술 공포증도 지적된다. 신기술 적용이 실패에 따른 책임 추궁 문제 때문이기도 하고, 계층제인 관료제에서 특정 분야의 전문적 기술보다 다방면의 일반적 지식과 경험이 승진에 유리한 일반주의 원칙 때문이기도 하다.

잦은 인사 교체는 전문성 약화와 관심도 저하를 부채질하였다. 사업의 실무 추진 단장인 부처 국장들이 순환 보직 인사로 교체되었다. 홈 택스 서비스 사업을 맡은 국세청 국장들은 6개월마다 인사 교체되었다. 장기간 동일 부서 근무로 고객과의 유착 발생 소지의 사전 차단을 위해 도입한 6개월 단위의 보직 변경은 홈 택스 같은 2년짜

44 전자정부특별위원회 백서편집위원회, 앞의 책, p.351.

리 사업 추진에 장애 요인이었다.

전자 정부 사업에 반대하거나 소극적인 반응은 위와 같은 정부 관료제의 일반적인 작동 원리에서 나오는 경우가 많다. 그러므로 그런 장애 요인을 극복할 수 있는 동기 부여와 인센티브 시스템이 중요하다.

'전자 정부 구현 종합 점검 회의'(2001.12.24.)에서 김 대통령은 장·차관과 공무원의 인식 전환을 촉구하였다. "공무원이 과거와 다른 생각을 가져야 한다. 구태의연하게 할 것인가 의식을 바꿀 것인가에 따라 성패가 결정될 것이고, 특히 장·차관들이 의지와 소명 의식을 가지고 필요성을 교육하고 토론하는 등의 노력을 해 가야 한다."[45] 라고 강조하였다. 김 대통령의 이런 공직 사회의 변화 촉구는 기회가 있을 때마다 계속되었다.

2002년 11월 13일 '전자 정부 기반 완성 보고회'에서도 다시 한 번 "국민이 적극 활용하도록 선전하는 일도 매우 중요하고, 공무원이 익숙하지 않아 거부감을 갖고 집중하지 않지 않도록 잘 교육하여 사용자와 공무원 양자가 다 같이 흥미와 필요성을 절감하여 서비스하도록 해야 한다."[46]라고 하였다.

마지막으로, 언론은 전자 정부 사업의 세세한 부분에 대한 비판은 있었으나, 다가오는 시대적 흐름으로 인식하고 대체로 긍정적인 반응을 보였다. 국민 눈높이에 맞는 개혁 의제를 잘 고른 것이다.

2001년 1월부터 2003년 2월까지 전자 정부 관련 보도로는 방송의

---

45 전자정부특별위원회 백서편집위원회, 앞의 책, p.322.

46 전자정부특별위원회 백서편집위원회, 위의 책, p.325.

경우 '전자 정부로 부패 없애야'(KBS, 2001.5.17.) 등 35건, 신문은 '신년사/김대중 대통령-2003년까지 전자 정부를 완성하겠다'(『세계일보』, 2001.1.1.), '전자정부 말뿐인가'(『한겨레신문』, 2001.1.3.), '전자 정부특별위 이달 중 출범키로'(『조선일보』, 2001.1.27.) 등 180여 건에 이른다.[47]

보도가 많았다는 것은 그만큼 언론도 전자 정부 사업에 많은 관심을 갖고 있었음을 나타낸다. 언론사 사주에 대한 세무 조사 등으로 정부와 긴장과 대립 전선을 형성해 있던 주요 신문사들도 전자 정부 사업은 전반적으로 지지해 주었다.

김대중 대통령의 임기 마지막 해인 2002년, 한국 정부가 이른 정보화와 전자 정부 등 지식 정보 강국이라는 성공적 성과를 두고 영국의 『Financial Times』(2002.1.23., 2002.6.4.), 미국의 『Business Week』(2003.5.31.)와 『The Wall Street Journal』(2002.6.3.), 일본의 『세계주보』 등 세계 언론들은 한국 정부의 적극적인 전자 정부 투자, 인터넷과 IT 강국, IT 월드컵, IT 입국 등을 주제로 앞다투어 보도하였다.

세계 1위 국가로 가는 길

그렇다면 많은 예산을 투입하여 완성한 전자 정부 서비스를 국민은 얼마나, 그리고 어떤 방법으로 이용할까? <e-나라지표>에 나오는 정부의 공식 조사인 <전자 정부 이용 실태 조사>는 2012년부

47 전자정부특별위원회 백서편집위원회, 앞의 책, pp.431~443.

터 시작되었다. 2012년 조사 대상 3811만 명 중 1949만 명(51.2%)이 정부의 전자 정부 서비스를 이용하였다. 그중 남성은 54%, 여성은 48%로 남성의 이용률이 다소 높고, 연령 별로는 20~30대가 70%, 40대가 57%, 50대가 30% 정도였으나, 60대 이상은 13%가 이용하였다. 2022년은 대상자 4146만 명 중 3822만 명(92.2%)이 이용하였다. 10년 사이에 성별 격차는 사라졌고, 연령 별로는 60대 이상은 77%였지만, 나머지 연령대는 모두 90%를 넘었다. 시간이 지나면서 전자 정부 서비스가 여성과 노인 계층에까지 확산된 것이다.

주요 전자 정부 홈페이지들의 이용률을 보면, 일반 행정·민원 분야에서는 정부24가 1위(89.3%), 경제 활동·취업 분야에서는 국세청 홈택스가 1위(83.2%), 4대 사회 보험 정보 연계가 3위(12.6%)였다. 전자 조달은 중앙정부와 공기업이 조달 시장에서 업체에 발주하는 독점적인 서비스이다. 그러므로 김대중 정부에서 기반을 세운 창구 민원 서비스 4개 모두 국민이 가장 많이 이용하는 홈페이지로 자리 잡은 것이다.

<표 2-5> 전자 정부 주요 서비스별 홈페이지 이용률

분야	행정·민원		경제 활동·취업		생활·여가	
이용 순위 (%)	정부24	89.3	국세청 홈 택스	83.2	레츠코레일 SRT	65.0
	안전신문고	25.2	워크넷	35.3	인터넷 우체국	33.3
	국민신문고	14.3	4대 사회 보험 정보	12.6	대한민국 구석구석	30.9
	법원 인터넷 등기소	13.9			복지로	21.2
	경찰민원포털	7.6			나이스(NEIS)	20.1

출처: 행정안전부·지능정보사회진흥원, 「2022년 전자정부 이용 실태 조사 결과」, 2022, p.51쪽.

국민은 대민 서비스도 부실하면서 세금으로 급여를 지급하는 공무원 수의 증가를 당연히 싫어한다. 그러나 1990년대 들어 우리 사회에서는 일반 국민과 이익 집단들이 자신과 연결된 이해관계를 활발하게 표출함으로써, 이에 대응하는 정부의 기능과 역할도 크게 확대되었다. 김대중 정부는 그런 요구에 대응하는 공공 부문의 종사자를 늘릴 수 없었다. IMF 경제 위기로 민간 부문은 구조 조정과 인력 감축을 하는 상황이었기 때문이다.

김대중 정부는 솔선수범하여 통폐합과 민영화 등, 공공 부문 구조 조정을 통하여 공무원과 공기업 직원을 줄였다. 그 결과 민주화 시대에 노태우(25.7%), 문재인(12.6%) 등 역대 정부는 한결같이 정부 출범기의 정원보다 말기의 정원이 증가하였으나, 김대중 정부만이 유일하게 감소하였다(-3.4%).

공공 서비스 수요는 증가하고 공급 인력을 줄여야 하는 불균형을 해결할 대안은 바로 전자 정부였다. 전자 정부의 인력 감축 효과가 없었다면, 줄어든 인력으로 증가한 민원 서비스 수요를 감당하기는 불가능하였을 것이다. 공공 부문 인력 관리 차원에서도 김대중 정부의 전자 정부 사업은 매우 시의적절하였다고 평가할 수 있다.

OECD 회원국들의 공공 부문 인력 규모가 1995년과 2005년에 어떻게 달라졌는지를 비교하면, 한국은 공공 인력이 경제 활동 인구에서 차지하는 비중이 일본 다음으로 낮은 5%로서, 회원국 평균(15%)의

3분의 1 수준을 유지하였다.[48]

김대중 대통령 임기 중에 개발 운영한 정보 시스템으로 국제기구에서 우수 사례로 선정된 시스템에는 전자 조달, 홈 택스 같은 11대 사업뿐만 아니라 관세청의 전자 통관 시스템도 포함되었다. 그 밖에 전자 문서 유통 사업이 온나라(On-Nara) 시스템으로 갱신되는 등, 11대 사업을 수정 보완한 시스템들이 후대에 국제기구들로부터 우수 사례로 선정되었다.

<표 2-6> 김대중 정부가 구축한 전자 정부 시스템의 수상 내역

사업명	담당 부처	수여 기관	수상 내역	연도
전자 조달 나라장터 (KONEPTS)	조달청	UN	공공 서비스 혁신상	2003
		OECD	투명성 개선 모범 사례	2004
		WCIT	공공 분야 우수상	2006
홈 택스(HTS)	국세청	OECD	전자 세정 우수 사례	2006
전자 통관 (UNI-PASS)	관세청	UN	반부패 포럼 모범 사례	2001

출처: 한국정보화진흥원, 『2013 국가정보화백서』, 2013, p.102.

더욱 값진 것은 전자 정부의 전반적인 준비 지수가 190여 개 회원국 중 1위가 된 것이다. 정부 행정의 경쟁력을 나타내는 각종 지표 중에서 세계 1위를 기록한 것은 전자 정부뿐이다.

유엔은 회원국의 전자정부 수준을 평가하는 5단계 성숙 모형을 개발하였다. 제1단계(착수)는 제한적 정보의 온라인 제공, 제2단계(발전)

48 OECD, Government at a Glance 2009, p.67.

는 정보의 주기적 현행화, 제3단계(상호 작용)는 민원 서식의 전자적 제공, 제4단계(전자 거래)는 온라인 민원 처리와 조세 및 수수료의 전자 납부, 그리고 제5단계(통합 처리)는 부처 간, 기관 간 온라인 서비스와 정부·민간 간 연계 서비스 제공이다. 김대중 정부의 11대 사업 중 G4C, 홈 택스, 전자 조달 등은 전자적 거래와 범부처·다부처 통합 및 연계 서비스를 제공하므로, 성숙 모형에서 4단계 이상으로 진입하였음을 보여 준다.

기대가 크면 실망도 클 수 있다. 정보화 투자의 효과는 시스템의 초기 가동 과정에서 발생하는 오류를 수정 보완하고, 이용자들의 시스템 사용이 익숙해지는 2~3년 이후에 나타나기 시작한다. 전문가는 G4C 사업의 효과는 4~6년이 지나야 제대로 나타난다고 분석하였다.[49] 그처럼 정보화 투자 효과가 제대로 나타나는 데 일정한 숙성 기간이 필요한 현상을 '생산성 역설(productivity paradox)'이라고 부른다.

<그림 2-7>은 유엔이 2002년부터 정기적으로 발표하는 전자 정부 지수이다. 우리나라는 전자 정부 사업을 마무리한 2002년에 15위, 2003년에 13위, 2004년에 5위에 진입하고, 2010년에 세계 1위에 올랐다. 연도별 순위는 회원국들로부터 2~3년 이전의 데이터를 제출받아 계산한다. 예를 들면, 2002년도 순위는 1999~2000년도의 가용 자료를 2001년에 수집하여 측정하였다. 그렇다면 2002년 말에 완료하고 2003년부터 운용한 전자 정부 사업의 실제적 성과는 2~3

49 조남재·임규건, 「행정정보화(G4C) 성과분석」, 정보통신정책연구원 편, 『경제·인문사회연구회 협동연구총서』 08-06-08, 정보통신정책연구원, 2008.12, p.25.

년의 시차를 두고 2004년경부터 나타난 셈이다. 그리고 2010년의 세계 1위도 김대중 정부 전자 정부를 후속한 31대 전자 정부 로드맵 사업을 마무리한 2~3년 후에 본격 가동에 들어간 결과이다.

이와 같은 지식 정보 강국을 꿈꾼 김대중 대통령의 전자 정부 성과는 여소야대라는 국회 의석 분포와 연립 정부라는 커다란 정치적 제약 조건이 지배하는 상황에서 이루어진 것이다.

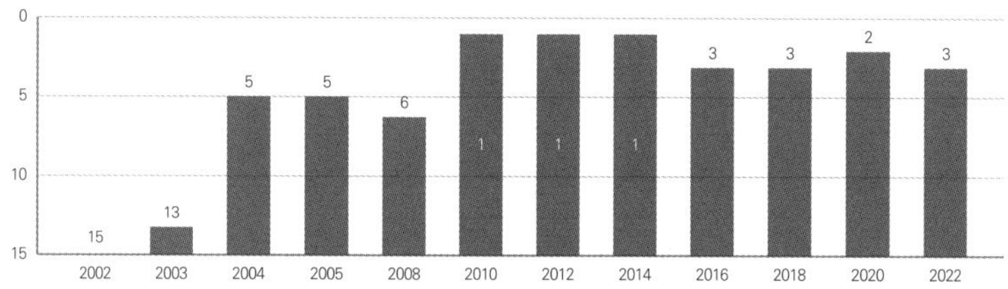

<그림 2-7> 한국의 유엔 전자 정부 순위

출처: UNDPEPA, E-Government Survey, 연도별 보고서

전자정부특위가 편찬한 『전자정부백서』(2003)는 전자 정부 11대 사업의 전 과정을 기록한 일종의 실록이다. 백서는 김대중 정부의 '전자 정부 기반 구축' 이후에 '전자 정부 완성'을 향한 노력에 도움이 될 핵심 성공 요인, 갈등 요인, 장애 요인 등을 상세히 정리하였다.

김대중 정부의 전자 정부를 총괄 지휘한 청와대 비서실의 김성재 정책기획수석은 전자 정부 사업 후일담으로 다음과 같이 역설하였다.

> 전자 정부는 완전히 이루어진 것이 아니라 이제 시작이다. 지금부터가 더 중요하기 때문에 체계적인 정책 및 집행이 되어야 한다. 전자 정부의 목표는 '정부는 당신의 손 안에 있습니다(Government in Your Palm).'

이다. 전자 정부는 권위적인 통치 행위로서의 정부가 아니라, 국민에게 봉사하는 서비스 정부이다. 이것은 정부의 성격이 전혀 다른, 정부 형태의 혁명적 변화를 의미한다. 이제는 국민이 찾아오는 행정이 아니라, 정부가 국민에게 찾아가는 안방 행정 서비스가 되어야 한다. 정부 중심·공급자 중심이 아니라, 국민 중심·이용자 중심으로 부처 간 행정 칸막이를 없애고 정보를 공유 및 네트워크화하여 투명하고 효율적인 시스템 행정을 해야 한다.[50]

후임으로 부임한 박지원 정책기획수석은 "이제 성공적으로 마무리된 전자 정부 사업을 보면서 이 모든 것을 갖추고 있는 우리가 앞으로 또 해내지 못할 일이 무엇이겠는가 하는 긍지와 자부심을 갖게 된다."라고 하였다. 최종찬 정책기획수석도 "앞으로 정보 시스템을 보완하는 과정에서 이용자 의견을 적극 받아들여 이용을 보다 빠르게 활성화할 것이다."라고 강조하였다.[51]

김성재 수석의 '손 안의 정부'는 인터넷 기능을 탑재한 미국 애플 회사의 아이폰이 출시된 2007년 1월보다 7년이나 빠른 시기에 예고되었다. 현재 국민 개개인이 휴대하는 스마트폰이 책상에 놓인 PC를 대체하면서 더욱 편리한 민원 서비스 제공이 가능해진 '손 안의 정부'가 실제적으로 구현되고 있다. PC를 켜서 행정 기관 홈페이지에 접속하여 민원 서비스를 받는 번거로움은 스마트폰에 탑재한 모바

50 전자정부특별위원회 백서편집위원회, 앞의 책, p.341.

51 전자정부특별위원회 백서편집위원회, 위의 책, p.342, 345.

일 애플리케이션(앱, Apps)으로 빠른 속도로 대체되고 있다. 여행 고객은 자신이 보유한 스마트폰의 KTX/SRT 앱을 이용하여 기차표를 예매나 예약하고 있다.

김대중 정부 이후 역대 정부들도 전자 정부를 통한 대민 서비스와 행정 효율성 및 투명성을 높이기 위한 노력을 계속하고 있다. 최근에도 박근혜 정부는 정부 3.0 사업, 문재인 정부는 제4차 산업 혁명, 윤석열 정부는 디지털 플랫폼 정부를 추진하고 있다.

디지털 플랫폼 정부는 인공 지능과 빅 데이터 등 첨단 정보 통신 기술을 활용하여 정부가 갈라파고스 섬의 거북이 등처럼 균열된 수많은 피라미드 모습이 아니라, 수직적, 수평적으로 매듭 없이 연계되어 둥글게 뭉친 하나의 공 모습을 지향한다. 그것은 전자 정부를 뛰어넘는 목표를 지향하지만, 가는 길은 김대중 정부의 전자 정부 사업 목표, 전략과 접근 방법, 우선순위와 추진 과제에 대한 성찰로부터 출발해야 한다. 그 성공과 좌절은 여전히 전통적인 법과 제도, 정책의 결정, 조정, 집행 시스템이 혁신의 촉진 요인으로 작용할 것인가, 아니면 제약 요인으로 작용할 것인가 여부에 달려 있기 때문이다.

Ⅲ

디지털 경제와 벤처 산업

이현덕

새 희망, 디지털 경제

5대 핵심 기술: IT, BT, NT, ET, 그리고 CT

신(新)지식인

4대 부문 개혁

벤처 산업의 구상

김 대통령의 의지와 벤처 산업 정책의 구체화

벤처 산업의 위기와 재도약

제3장

디지털 경제와 벤처 산업[52]

이현덕

새 희망, 디지털 경제

디지털 새벽이 왔다. 아날로그 경제가 퇴장하고 디지털 경제가 새롭게 등장했다. 피할 수 없는 변화 조류였다. 디지털 경제는 세계와 연결한 인터넷을 통해 지식 정보 가치를 극대화하고, 이를 통해 부가 가치를 만드는 새로운 경제 틀이다. 김대중 대통령은 오래전에

52 * 이 장은 『전자신문』의 장기 기획 연재 기사인 '이현덕의 정보통신부'(2010년 5월~2014년 11월)와 '이현덕이 만난 생각의 리더'(2015년~2018년 7월)의 심층 보도 및 인터뷰 기사를 토대로 작성했습니다.

이런 시대 변화를 예상했다.

김대중 대통령은 1998년 2월 25일 취임식에서 "지식과 정보가 경제 발전의 원동력이 되는 지식 정보 사회로 가고 있다."라고 강조했다. 그리고 김 대통령은 기회 있을 때마다 변화를 강조하였다.

"21세기는 세계화, 디지털화, 지식 기반의 시대이다. 디지털 시대는 빛의 속도로 변하는 시대다. 이러한 변화에 적응하면 일류 국가가 되고, 못하면 삼류 국가로 전락할 것이다."

김 대통령의 말처럼 세상은 무형(無形)인 지식과 정보가 경제 발전의 원동력이 되는 지식 정보 사회로 변하고 있었다. 김 대통령은 취임 후 지식 정보 강국 구현에 전력 질주했다. 디지털은 김대중 정부 경제와 산업 정책의 가장 큰 화두였다.

1998년 5월 26일. 정부는 이날 오후 3시부터 2시간여 동안 산업자원부 대회의실에서 '전자 상거래 정책 협의회'를 개최했다. 디지털 경제 중심축이 바로 전자 상거래였기 때문이다. 회의에는 국무총리실을 비롯한 재정경제부, 산업자원부, 정보통신부 등 11개 부처 국장들과 산업계, 학계, 연구 기관 대표 등 25명이 참석했다. 정부는 회의에서 전자 상거래 종합 대책을 마련해 차질없이 추진키로 했다. 또 <전자상거래 기본법>과 <전자서명법> 등을 제정하고, <저작권법>, <컴퓨터 프로그램 보호법>, 음반과 비디오물에 대한 법률 등을 개정하기로 했다.

그해 6월 15일 이용태 한국정보산업연합회장이 정부에 '디지털 경제' 도입을 촉구했다. 이 회장은 이날 언론 기고를 통해 "우리도 빨리 디지털 경제를 도입해 생산성과 경쟁력을 비약적으로 발전시켜야 한다."면서 "이를 위해 정부가 확고한 의지를 갖고 디지털 시대에 맞게 법률과 제도를 혁신하고 국민을 계몽해야 한다."라고 주장했다.

그해 6월 18일. 김대중 대통령이 인터넷과 PC 통신망을 통해 국민과 '사이버 인터뷰'를 했다. 세계 최초였다. 전자 민주주의의 새 장을 여는 시발점이었다. 김 대통령은 인터뷰에서 "정보화촉진기금 1000억 원을 지원해 소프트웨어(SW) 산업을 적극 육성하고, 2002년까지 5,000여 개 정보 통신 벤처 기업이 창업할 수 있도록 지원할 계획"이라며 "1인 1PC 보급과 1인 1 ID 갖기 운동 등, 정보화 실천 운동을 전개할 방침"이라고 밝혔다.

이 인터뷰는 '네티즌과 함께하는 젊은 DJ'라는 주제로 나우콤(현 아프리카TV)이 주최하고 『전자신문』과 『동아일보』, 『매일경제』가 후원했다. 인터뷰를 주최한 문용식, 당시 나우콤 사장의 말이다.

"처음 기획안을 만들어 청와대 공부수석실에 제안했더니 아주 좋아 했습니다. 당시로는 파격적인 인터뷰 형식이었습니다."

이 인터뷰는 김대중 대통령을 디지털 리더로 국민이 인식하는 계기가 되었다.

1998년 12월 4일 오전, 김대중 대통령은 청와대에서 '경제대책조정회의'를 주재했다. 정부는 이날, 21세기는 지식과 정보가 결합한 지식 산업이 성장과 고용의 견인차가 될 것으로 보고 정보 통신, 문화, 관광, 디자인 산업 등 4개 분야를 중심으로 한 지식 기반 산업 발전 대책을 확정했다. 김 대통령은 "디지털은 우리가 세계 수준의 장점을 갖고 있다."면서 "정보 통신 분야는 우리 미래를 좌우하는 산업"이라고 강조했다.

정부는 지식 기반 신산업 육성 과제로 △컴퓨터 △반도체 △항공우주 △정밀 광학 △메카트로닉스 △디지털 가전 △통신 기기 △영상·음반 △정보 통신 서비스 △인터넷 △의료 서비스 △방송 등 28개를 선정했다. 정부는 또한 전자 문서 교환(EDI), 전자 상거래(EC), 전사적 자원 관리(ERP) 도입 기업에 대해 부가세와 법인세, 설비 투자 등 각종 세제를 지원해 디지털 경제 시대를 앞당기기로 했다.

1999년 1월 21일 오후 4시부터 김대중 대통령은 한 시간여 동안 남궁석 정보통신부 장관을 불러 '정보화에 대한 길'이라는 주제로 과외 공부를 했다. 박지원 청와대 대변인은 "김 대통령은 정보통신부 업무 보고 일정이 잡히자, 이 기회에 남궁 장관의 정보화 강의를 듣고 싶다고 요청해 자리를 마련했다."라고 말했다. 김 대통령의 과외 요청은 남궁 장관에게 큰 부담이었다. 그는 당시 장관에 취임한 지 한 달 밖에 안됐다.

남궁 장관은 대통령에게 강의할 자료를 직접 준비했다. 그는 김 대통령에게 초고속 정보 통신망 구축과 신산업 육성을 통한 고용 활용 등을 상세히 설명했다. 김 대통령은 과외 공부가 끝나자 "우리가 정보화 물결에서 뒤지면 영영 뒤쳐진다."라며, "빠른 정보화 추진을 강조했다."라고 당시 배석했던 김태동 정책기획수석이 말했다. 김 대통령 과외는 격식에 얽매이지 않는 김 대통령의 실사구시(實事求是) 정신을 엿볼 수 있는 대목이다.

그해 4월 1일 김대중 대통령은 오전에 '정보통신부 국정 개혁 보고 회의'를 주재하고 지식 산업 육성의 중요성을 강조했다. 김 대통령은 이날 "우체국은 이제 우편 통신뿐 아니라 문화 공간과 컴퓨터 교육장으로서의 역할을 할 수 있도록 발전시켜야 한다."라고 말했다. 우체국이 지역 정보 센터로 거듭나는 순간이었다. 이날 김 대통령은 "정보통신부 등 각 부처는 긴밀히 협력해 전 국민에 대한 컴퓨터 교육 보편화를 통해 정보 마인드를 확산하라." 라고 지시했다.

남궁 장관은 업무 보고에서 "올해 정보화 촉진으로 국가 경쟁력을 높이기 위해 각 부처별로 구축해 운영 중인 초고속 통신망을 통합하고, 전자 결재 등을 통해 '종이 없는 정부'를 구현하겠다."라고 의지를 밝혔다.

남궁 장관은 "현재 전국에 있는 3천여 개 PC 게임방을 '인터넷 플라자'로 건전하게 육성하겠다."면서 "디지털 경제 확산을 위해 전자 서명 공인 인증 기관을 설립해 전자 상거래에 대한 국민 신뢰성과 안전성을 보장하겠다."라고 보고했다.

그해 4월 10일 국내 최초로 우체국에 정보 교육 센터를 개설했다. 이날 경기 가평우체국과 전북 김제, 강원 속초, 동해우체국에도 각각 정보 교육 센터가 개설되었다. 정보통신부는 2002년까지 4년간 매년 25개씩 전국 100개 우체국에서 주민 정보 교육을 실시하기로 했다. 서병조 정통부 정보화제도과장의 말이다.

"우체국 교육장에는 PC 16대를 설치한 교육실과 PC 5대인 인터넷 자유 이용실을 마련해 지역 주민이면 누구나 이용할 수 있도록 했습니다."

해당 우체국장은 직원 1명을 정보화 교육 담당자로 지정해 교육장 관리와 교육 운영 실무를 담당토록 했다. 이곳에서는 정보화 취약 계층을 중점 교육하고, 집배원 등 우체국 직원에 대한 정보화 교육도 병행했다. 우체국 정보 교육 센터는 주민 정보 격차 해소와 지역 정보화 확산의 산실 역할을 했다. 주민들의 반응도 좋았다.

그해 8월 8일 정보통신부는 '디지털 경제 교실'을 개설한다고 밝혔다. 정부 부처가 직접 디지털 경제 교실을 운영한 일은 이번이 처음이었다. 디지털 경제 교실은 8월 27일부터 11월 5일까지 매주 금요일 오후 4시부터 2시간씩 정보통신부 대회의실에서 열렸다. 교육에는 정보통신부 직원과 다른 부처 공무원, 일반인들도 참석해 경제 패러다임 전환에 대한 공부를 했다.

강사진은 학계, 산업계의 유명 인사들로 구성했다. 곽수일 서울대 교수와 이경전 고려대 교수, 이효근 연세대 교수, 이재규 KAIST 교수, 신재철 한국 IBM 사장, 염헌영 서울대 교수 등 10명이 10개 주제를 강의했다. 주제는 디지털 경제 전개와 대응 전략, 디지털 경제 동향과 대책, 인터넷을 활용한 기업과 정부 혁신 전략, 인터넷 비즈니스 모델, 전자 상거래 사례 연구 등으로, 다양했다.

당시 실무를 담당한 형태근 정보통신부 기획총괄과장은 "경제·사회 패러다임이 디지털 시대로 빠르게 전환하고 있는 만큼, 정책 담당자들이 디지털 경제에 대한 체계적인 이해를 하는 게 중요하다고 판단해 교육 과정을 신설했다."라고 말했다.

정통부는 인원 제한으로 교육에 참석 못한 일반인들을 위해 홈페이지를 통해 강의 내용을 공개했다. 수강생은 1,200여 명에 달했다.

그해 11월 9일 재정경제부는 '디지털 경제 미래와 우리 대응 전략'을 발표했다. 재경부는 인터넷과 은행, 사이버 주식 거래 등, 전자금융이 21세기 핵심 산업으로 부상하면서 인터넷을 기반으로 하는 새로운 비즈니스가 등장하고 있다고 분석했다. 이에 따라 재정경제부는 디지털 경제 전환을 위한 다양한 전략을 수립해 적극 추진키로 했다. 또 디지털 경제에 대한 국민 이해를 돕기 위해 재경부 홈페이지에 '디지털 경제' 코너를 신설했다.

2000년 2월 15일 오후, 김대중 대통령은 청와대에서 '전자 상거래 추진 전략 민관 합동 회의'를 주재했다. 이 자리에서 김 대통령은 "전자 상거래는 정보화 시대의 핵심 과제"라며, "얼마 전 아마존 닷 컴의 650명 직원이 포드의 20만 명 직원에 맞먹는 거래량을 기록하고 있다는 기사를 봤다. 전자 상거래의 위력을 단적으로 보여 주는 것."이라고 말했다. 김 대통령은 "정부와 기업, 공공 부문, 모두가 전자 상거래에 총력을 다해 성공적으로 대응하지 못하면 재벌이나 중소기업 모두 미래 발전을 내다볼 수 없다는 점을 명심해야 할 것."이라며, "오늘 회의가 새로운 분발과 도약의 계기가 되기를 기대한다."고 당부했다.

이후 각 부처는 디지털 확산에 경쟁적으로 나섰다. 금융감독위원회는 그해 2월 22일 대회의실에서 이용근 위원장을 비롯한 전 직원이 참석한 가운데 '디지털 금감위'를 선언했다. 금감위는 그동안 온라인이나 디스켓으로 금융 회사의 업무 보고서를 받아 왔다. 하지만 실제 업무는 종이로 된 문서가 아니면 처리가 안 되는 실정이었다. 금융감독위원회는 그간의 일을 개선해 디지털 실천을 이루겠다고 다짐했다. 이 위원장은 전 직원들과 함께 '디지털 경제'에 대한 교육도 받았다.

강사는 삼성경제연구소 김완표 박사였다. 김 박사는 이날 △디지털 혁명과 경제 사회 변화 △선진국 디지털 경제 현황 △국내 디지털 경제 실태 △디지털 경제 파급 효과 △디지털 경제 대응 방안 등을 강연했다. 김 박사는 "디지털화는 선택이 아닌 생존 문제"라며, "디지털 경제를 촉진하기 위한 법과 제도 개선을 추진해야 한다."고 강조했다.

그해 3월 장관들이 일요일에 디지털 경제 토론회를 열었다. 극히 이례적인 일이었다. 첫 토론회는 3월 19일 열렸다. 처음 토론회를 열기로 한 것은 3월 3일 열린 '경제정책조정회의' 자리에서였다. 그날 '경제정책조정회의'는 논의가 원할하지 못했다. 이에 이헌재 재정경제부 장관이 즉석 제안을 했다.

> 우리가 따로 모여 현안에 대해 허심탄회하게 의견을 나눠 보는 건 어떻습니까?

그거 좋은 생각입니다.

참석자는 이헌재 재정경제부 장관과 김영호 산업자원부 장관, 최선정 노동부 장관, 서정욱 과학기술처 장관, 안병엽 정보통신부 장관, 문용린 교육부 장관 등 6명이었다. 다른 장관들도 원하면 참석할 수 있었다.

토론회는 3월 19일부터 일주일 간격으로 세 차례에 걸쳐 열렸다. 첫날 토론회는 오후 4시부터 서울 명동 은행회관에서 열렸다. '디지털 시대 경제 환경 변화와 대응 방안'이라는 주제로 안병엽 정보통신부 장관과 김영호 산업자원부 장관이 주제 발표를 했다. 이어 참석자들이 자유 토론을 했다.

둘째 날 토론회는 '디지털 경제 시대의 인적 자원 개발'과 '디지털 경제 시대 계층 간 격차 해소 방안'이라는 주제로 최선정 노동부 장관과 차흥봉 보건복지부 장관이 발표했다.

마지막 토론회는 최인기 행정자치부 장관이 '디지털 정부 구현'이라는 주제로 발표했다.

장관 토론회 분위기는 진지했다. 주제에 따라 격론이 벌어지기도 했다. 이 토론회는 부처 공무원과 기업인들이 디지털 경제에 관심을 갖는 계기로 작용했다. 장관이 일요일에도 디지털 경제 공부를 하는 데 빈둥거릴 공직자는 없었다.

그해 3월 20일 재정경제부는 김대중 대통령에게 새해 주요 업무 계획을 보고했다. 핵심은 디지털 경제에 걸맞은 새로운 경제 시스템 구축이었다. 이헌재 장관은 "올해는 디지털 경제 시스템 등 세계 조류에 따라 금융 산업 진입 기준 완화 등 SW 측면을 중점 보강할 방침"이라고 말했다. 이 장관은 "세무 행정 디지털화를 추진하겠다."면서, "2001년부터 납세자가 집에서 인터넷 등을 통해 각종 세금 관련 자료를 제출할 수 있는 전자 신고제도 시행하겠다."고 보고했다. 재경부는 또 해킹과 사이버 테러 등을 처벌하는 특별법 제정과 국내 암호 기술 개발을 촉진하고 관련 산업 육성 시책도 마련키로 했다.

정치인들도 디지털 경제 대열에 가세했다. 그해 6월 여야 국회의원 40여 명이 국회에 '디지털경제연구회'를 발족했다. 한나라당 소속 이강두 국회의원이 회장을 맡았다. 이들은 매주 1회씩 세미나를 열고 디지털 경제 현안을 파악하고, 입법을 뒷받침했다. 모임에는 곽수일 서울대 교수 등 디지털 경제 전문가 7명이 자문 위원으로 참여했다.

이강두 의원은 "매월 세미나를 통해 디지털 경제와 전자 상거래에 대한 문제점을 파악하고, 디지털 경제 발전을 위한 정책 방향을 연구했다."라고 말했다.

2000년 7월 31일, 그날 행사는 산업자원부를 'e-비즈니스' 조직으로 개편한다는 선언식이었습니다.

"산자부 공무원은 앞으로 'e-비즈니스 담당관'(e-Officer)으로 불러 주세요, 산자부는 'e-산자부'로 부르고요."

산업자원부는 이날 과천청사 대강당에서 김영호 장관 주재로 전 직원이 참석한 가운데 'e-Ministry 선언식'을 갖고 조직을 디지털 시대에 걸맞은 벤처형 e-비즈니스 조직으로 개편하기로 했다. 김 장관은 이날 "미국이 급성장한 배경에는 디지털 경제 부처였던 미 상무부의 역할이 지대했다."면서 "상무부의 사례를 연구해 e-비즈니스를 선도하는 모범 부처로 다시 태어날 것"이라고 다짐했다.

산자부는 또 업종별. 기능별 각 부서에 과장급 또는 사무관급 인사로 'e-Officer(e-비즈니스 담당관)' 30여 명을 임명해 e-비즈니스 전략 확산을 주도하고, 1급은 대기업 최고정보책임자(CIO) 역할을 맡도록 했다. 산자부는 전자 결재 이용도를 높이기 위해 1급 이상 간부들은 8월 한 달 동안 '1일 1회 전자 결재'를 의무화했다. 산자부는 또한 2002년까지 국내 산업과 산자부 조직을 B2G(기업과 정부 간) e-비즈니스화로 연계하고, 전자 상거래 대상 우선 업종을 선정하여 전자 상거래를 확산시켜 가기로 했다.

그해 12월 29일 오후, 김대중 대통령은 정부 과천청사에서 '국가경쟁력 점검 회의'와 '제3차 국민경제자문회의'를 겸한 경제장관회의를 주재했다. 회의에는 이한동 총리와 진념 재경부 장관을 비롯한 경제 장관, 국민경제자문위원과 경제 5단체장 등 36명이 참석했다.

김 대통령은 회의에서 "경제적 어려움을 타개하기 위해 4대 부문의 구조 개혁, 소비·투자 심리 진작과 기업의 투자 의욕 지원, 정보통신 산업과 생명 산업을 비롯한 지식 기반 산업의 획기적인 발전 등을 중점 추진해 줄 것."을 당부했다. 아울러 김 대통령은 "지식 기반 경제의 발전과 정착을 위해 조속한 시일 안에 구체적인 정보화 확산 전략과 생명 산업 발전 실천 계획을 마련해 추진"하라고 지시했다.

2001년 1월 4일 오후, 김대중 대통령은 서울 신라호텔에서 열린 대한상공회의소 주최 신년 인사회에 참석했다. 인사회에는 재계, 입법, 사업, 행정부 등 각계 인사 1천여 명이 참석했다. 김 대통령은 이 자리에서 "세계와 경쟁하고 협력하는 개방 경제 체제를 이룩하겠다. 이를 위해 경제 각 부분의 국제 기준 도입과 수출입 절차 간소화, 거래 자유화, 인터넷 상거래를 추진하고 지식과 정보에 바탕을 둔 디지털 경제 체제를 구축해 나가겠다."라고 신년계획을 밝혔다.

그해 4월 27일 김대중 대통령은 청와대에서 민관 합동 회의를 주재하고 'e-비즈니스 확산 국가 전략' 방안을 확정했다. 회의에는 진념 부총리 겸 재정경제부 장관을 비롯한 10개 부처 장관, 전경련 등 6개 경제 단체장, KDI 등 10여 개 연구 기관장과 국민경제자문위원 등 33명이 참석하였다. 정부는 △ 전 산업 비즈니스 네트워크 구축, △ 공공 부문의 선도적 역할 강화, △ 운용 기반의 확충, △ e-비즈니스의 글로벌화, △ 범국가적 추진 체계 구축 등, 5대 전략을 민관 공동으로 추진하기로 했다

5대 핵심 기술: IT, BT, NT, ET, 그리고 CT

2001년 8월 17일 김대중 대통령은 청와대에서 '국민경제자문회의'를 주재하고, 정보와 문화 기술 등 5개 산업을 국가 전략으로 육성하

는 '차세대 성장 산업 발전 전략'을 확정했다. 김 대통령은 이날 "경제가 어려울 때 연구 개발 투자에 집중해 경기가 회복했을 때 도약할 힘을 길러야 한다."면서, "R&D를 통해 우수한 제품을 만들어야 경쟁력을 갖고 수출을 유지할 수 있다."라고 강조했다.

정부는 정보 기술(IT)·바이오 기술(BT)·나노 기술(NT)·환경 기술(ET)·문화 기술(CT) 등 5개 산업을 지식 정보화 시대 '차세대 성장 산업'으로 육성하기 위해 2005년까지 모두 10조 원의 예산을 투입하기로 했다. IT 산업에는 5년간 1조 원을 투자해 실무 중심으로 20만 명 이상의 전문 인력을 양성하고, 2005년까지 전자 상거래 비중을 현재 3.2%에서 18%로 높이기로 했다.

BT 산업에는 5년간 생물정보학 등 첨단 기술 분야 전문 인력을 5천 명 이상 추가 양성하고, 강원과 대전, 충북, 경북, 전라, 제주 등 4개 권역별 바이오 산업 단지를 지정하기로 했다.

CT 산업에는 게임, 애니메이션, 방송 영상 등, 유망 분야 전문 인력 4만 명을 5년간 양성하고, 유망 콘텐츠를 조기 발굴해 해외 수출까지 원스톱 지원하는 스타 프로젝트를 추진키로 했다.

NT 산업에는 세계 5대 나노 기술 대국을 목표로 나노 측정 등 30여 개 핵심 기술을 선택, 향후 10년간 1조 2천억 원을 투자키로 했다.

ET 산업에는 2010년까지 1조 원을 투입하여 미래 에너지원을 확보하고, 국제 환경 규제에 대응하기 위해 대체 에너지의 실용화, 이산화 탄소(CO_2) 저감 기술도 개발하기로 했다.

2002년 4월 4일 정보통신부가 부처 중 처음으로 '정보화 수준

지수'를 개발했다. 정통부는 컴퓨터를 잘 사용하는 능력과 디지털 경제 등 정보화 정책 수립 등에 필요한 능력 향상을 위해 이런 지수를 개발했다고 밝혔다. 정보화 지수는 직원들의 정보화 역량을 높이는 수단이었다.

김대중 대통령은 늘 디지털 혁명 선두에 서 있었다. 김 대통령의 디지털 목표는 명확했고, 실천 의지는 확고했으며, 메시지는 명료했다. 정책은 지속적이고, 일관성을 유지했다. 모두 디지털 경제의 성공 요인이었다. 김 대통령은 수시로 회의를 열고 진행 사항을 확인했다. 김 대통령에게 적당히는 없었다. 김 대통령은 정책 추진에 필요한 예산은 지원하고 법과 제도를 보완했다. 일할 수 있는 환경을 제공했고, 문제점을 즉시 시정 조치했다. 그리고 직접 현장에 나가 확인했다.

이런 노력으로 디지털 경제는 정치와 경제, 사회, 문화 등에서 엄청난 변화를 가져왔다. 몇 가지 일반적인 사례를 살펴보자.

먼저, 사회가 대면(對面)에서 비대면으로 변했다. 온라인 거래가 급증했다. 과거에는 시장이나 백화점에 직접 가서 물건을 구입했다. 지금은 인터넷이나 휴대 전화로 물건을 구입하는 시대다.

모든 일이 실시간화되었다. 시간과 공간 구분 없이 실시간 업무를 처리할 수 있다. 은행 업무도 인터넷이나 휴대폰으로 본다. 국내에 인터넷 은행까지 등장했다. 국내 첫 인터넷 은행인 케이뱅크는 본점만 있고 지점이 없다. 케이뱅크는 비대면과 편의성, 24시간 영업 등이 특징이다. 직장 근무 형태도 변했다. 재택 근무와 원격 근무 같은 유연 근무 형태가 일상화되었다.

소비자 중심 맞춤형 서비스가 등장했다. 사물인터넷(IOT)과 빅데이터, 인공 지능(AI) 등을 이용한 첨단 서비스가 인간을 대신한다.

온라인 게임 산업은 매년 급성장했다. 『대한민국 게임백서』에 따르면 지난 2021년 게임 산업 매출액은 20조 9113억 원이었다. 국제 게임 전시회인 '지스타'는 세계적인 행사로 자리 잡았다. 2022년 열린 지스타에는 18만 4천여 명이 전시장을 찾았다. 세계 각국에서 온라인으로 100여만 명이 지스타를 즐겼다.

김대중 정부 이후 정부들도 디지털 경제를 추진했다. 박근혜 정부는 '창조 경제'를, 문재인 정부는 '한국판 디지털 뉴딜' 정책을 추진했다. 윤석열 정부는 '디지털 경제 패권 국가 실현'을 국정 과제로 내세웠다.

디지털 혁명은 현재 진행형이다. AI와 자율 주행 자동차, 드론, 가상 현실 등이 등장했다. 시대를 바꿀 게임 체인저다. 김대중 대통령이 시대의 변곡점에서 보인 리더십은 탁월했다. 서생적 문제 의식과 상인적 현실 감각, 국민보다 한 걸음만 앞서가는 리더십 등은 역사가 주는 교훈이다.

신(新)지식인

지식 사회 주역 '신(新)지식인'이 나타났다. 신지식인 산실(産室)은 청와대였다. 한국 지식인 사회 개편의 서막이었다.

1998년 12월 4일 김대중 대통령은 청와대에서 제12차 '경제대책 조정회의'를 주재했다. 문화관광부, 산업자원부, 정보통신부는 지식 기반 서비스 산업의 핵심을 구성하고 있는 문화 산업, 관광 산업, 디자인 산업, 정보 통신 산업의 종합 발전 대책을 보고했다.

김 대통령은 이날 "정부가 창조적 지식과 정보 중심의 국가 혁신 작업을 앞장서서 펴나가야 한다."면서, "국가 경제를 21세기에 맞는 창조적인 지식기반경제로 변모시켜 새로운 도약을 이룩하자."고 강조했다.

김태동 청와대 정책기획수석이 이 자리에서 '신지식인'이라는 새로운 개념 인물과 구체적인 사례를 보고했다. 김 수석은 신지식인에 대해 "지식을 활용해 부가 가치를 능동적으로 창출하는 사람이나, 기존의 사고 틀에서 벗어나 새로운 발상으로 일하는 방식을 개선하거나 혁신한 사람"이라고 정의했다. 김 수석은 "반드시 학력이 높은 고급 지식 소유자만 신지식인이 될 수 있는 게 아니라, 중국 음식점 배달원이나 파출부, 건물 청소원 등도 신지식이 될 수 있다."라고 말했다. 김 수석은 신지식 9명의 구체적인 사례도 소개했다.

신지식인 사례자는 고려대 앞 중국 음식점 배달원으로 일하면서 '번개 배달'로 유명했던 조태운 씨를 비롯, 경북 안동에서 버섯을 재배하며 인터넷 홈페이지를 통해 농산물 직거래망을 구축한 구천모 씨, 초등학교 출신으로 집배용 컴퓨터 정밀 지도를 만든 서울 여의도 우체국 집배원 장형현 씨, 인천에서 어린이 보육원을 운영하며 '실시간 자녀 관찰 시스템'을 개발한 박재성 씨 등 9명이었다.

김 수석은 "신지식인 찾기 운동을 시민 단체 등으로 확산하고,

누구나 신지식인이 될 수 있다는 점을 국민 운동으로 전개하는 방안을 강구하겠다."고 보고했다.

신지식인이라는 말은 김효근 이화여대 교수가 처음 사용했다. 김 교수는 "1998년 12월 2일 '두뇌 강국 국민 보고 대회'(『매일경제 주최』)에서 한국 신지식 보고서를 발표하면서 신지식인이라는 말을 사용했습니다. 그 자리에 참석했던 김 대통령이 수석비서관 회의에서 "신지식인 운동을 하라."라고 지시하셨다고 합니다. 그 후 전국에서 이 운동을 범국민 운동으로 전개했습니다."라고 회고했다. 신지식인 운동은 제2의 건국범국민추진위원회(이하 제2의 건국추진위)에서 범국민 운동으로 전개했다.

대통령 자문 기구인 '제2의 건국추진위'는 그해 10월 2일 오전 세종문화회관 대강당에서 창립 총회를 열고 출범했다. 김대중 대통령은 이날 제2의 건국추진위가 입주한 서울 종로구 한국생산성본부 건물 4층에서 변형윤 대표공동위원장과 김종필 국무총리 등과 함께 현판식을 가졌다. 제2의 건국추진위는 신지식인 운동과 문화 시민 운동, 국민 화합 운동, 부정부패 추방 운동 등을 중점적으로 추진했다.

김 대통령은 신지식인에 각별한 관심을 보였다. 김 대통령이 가장 좋아하는 말 중 하나가 '신지식인'이라는 소문이 나돌 정도였다. 1999년 2월 1일 청와대는 수석비서관회의에서 전국 신지식인 운동 추진방안을 논의했다. 청와대는 우선 각 부처와 제2의 건국추진위 인터넷 홈페이지에 '신지식인 코너'를 신설해 관련 지식을 공유하기로 했다. 각종 연구 프로그램에 신지식인 강좌를 개설하고, 학생 수학여

행 일정에 신지식인 활동 현장을 포함하도록 했다.

그해 2월 3일 오후, 제2의 건국추진위는 서울 잠실실내체육관에서 김대중 대통령을 비롯한 중앙과 지방 추진 위원 중앙 부처 장관과 지방 추진 위원 등, 1만여 명이 참석한 가운데 '제2의 건국 한마음 다짐 대회'를 개최했다. 제2의 건국추진위는 신지식인 운동을 제2의 건국 운동 차원에서 전개하겠다고 밝혔다.

김 대통령은 치사를 통해 "21세기는 지식 중심 사회"라며, "국민이 21세기형 한국인이라 할 수 있는 신지식인화를 앞당겨야 한다."고 강조했다. 김 대통령은 "이제는 학벌이나 지연이나 인맥이 아니라 누가 고부가 가치와 고효율을 창출하느냐가 중요하다."라며, "모든 사람이 신지식인이 돼야 한다."고 말했다. 김 대통령은 "신지식인은 국가 경쟁력의 근간이며, 무한 경쟁에서 승리를 담보하는 큰 국가 자산"이라고 강조했다.

제2의 건국추진위는 1999년 4월부터 한 달간 TV 공익 광고를 통해 '신지식인 운동' 확산을 대대적으로 전개했다. 국정홍보처가 제작한 CF 출연자는 당시 인기를 끌던 개그맨 심형래 씨였다. 그가 CF에서 말한 "못해서 안 하는 게 아니라 안 하니까 못하는 겁니다."라는 대사는 한때 유행어가 되기도 했다. 그는 신지식인 1호로 인정받아 대학교 등에서 강의를 하기도 했다. 하지만 그는 이후 각종 구설과 의혹에 휘말리며 급추락하고 말았다.

당시 신지식인 중에는 안랩 창업주이자 현재 국민의힘 국회의원인 안철수 박사도 있었다.

그해 6월 23일 오후, 김대중 대통령은 청와대에서 제2의 건국 범국민 추진위원회 주최로 열린 '지식 사회로 가는 열린 대화' 행사에 참석해 신지식인 91명과 환담했다. 김 대통령은 이 자리에서 "지식·정보화·문화의 시대인 21세기에는 많은 신지식인 배출이 곧 국가 경쟁력으로 이어질 것"이라며, "신지식인 운동과 동시에 정부는 지식 사회가 요구하는 인력 양성과 지식 정보 체계화와 구조화, 지식 경영· 지식 정부 운동을 활성화하겠다."라고 말했다.

이날 참석한 신지식인은 지방 자치 단체가 추천한 39명과 중앙 부처가 추천한 35명, 정보통신정책연구원 홈페이지 등을 통해 추천받은 인사 17명 등이다. 또 신지식인 운동을 적극 추진해 온 기업(대림산업), 기관(한강환경관리청), 학교(울산 화봉공고)의 대표가 참석했다.

행사 1부에서 참석자들은 신지식인 운동 영상물을 시청하고 시민 운동가인 김용진 씨, 건설 현장 근로자인 이광랑 씨, 여성 기업인인 정경옥 씨, 농민이자 발명가인 이진규 씨의 신지식인 사례를 들었다. 2부에서는 대림산업, 한강환경관리청, 울산 화봉공고가 신지식인 운동 사례를 소개했다.

제2의 건국추진위는 이날 '신지식인 7계명'을 공개했다. 신지식인 7계명은 '△ 현재에 안주하지 말라 △ 고정관념에서 벗어나라 △자신만의 분야를 개척하라 △ 지식을 사랑하라 △ 지식을 나누어 가지라 △ 기록하는 습관을 길러라 △ 아이디어를 실제에 적용하라'이다.

2000년 12월 22일, 이날 오후 김대중 대통령은 청와대 영빈관에서 모범 사례로 뽑힌 신지식인과 관련 단체 간부 등 210명과 다과를 함께하며 이들을 격려했다. 김 대통령은 이 자리에서 "신지식인 육성이 세계 제일이 된다면 우리는 세계 일류 국가가 될 것"이라며, "정부는 국운을 걸고 신지식인 육성을 추진할 것"이라고 말했다. 이렇게 신지식인에 대한 대통령의 관심과 애정은 각별했다.

제2 건국추진위는 매년 각계 추천을 받아 신지식인을 선정했다. 2000년까지 모두 2,137명의 신지식인을 뽑았다. 2001년 5월 제2 건국추진위는 신지식인 대상과 선정 기준을 새로 마련했다.

무엇보다 계층 구분 없이 모든 자연인을 신지식인으로 선정했다. 분야 또한 기업, 단체, 중앙 부처와 지자체, '신지식 중소기업인', '신지식 농업인', '신지식 금융인', '신지식 특허인' 등으로 확대했다. 김 대통령이 신지식인 운동에 적극 나서자 각 부처와 기업들도 신지식인 육성에 적극 나섰다. 가전업계 신지식 1호로는 LG 전자 당시 김쌍수 부사장이 선정되었다.

범국민 운동으로 추진하던 신지식인 운동은 2003년 전환기를 맞았다. 이 운동을 이끌던 제2의 건국추진위가 2003년 6월 23일 해체되고, 이후 행정자치부가(현 행정안정부) 이 운동을 주관하게 된 것이다. 2007년부터는 사단법인 한국지식인협회가 이 운동을 이끌고 있다. 한국신지식인협회는 2007년 6월 '신지식인의 날'을 제정, 선포했다. 김대중 전 대통령이 1999년 6월 23일 신지식인을 청와대로 초대한 날을 '신지식인의 날'로 정했다.

한국신지식인협회는 매년 상하반기로 나누어 신지식인을 선발하고 있다. 대상도 중소기업과 특허, 벤처, 농업, 교육, 문화 예술 스포츠, 자영업, 여성, 환경, 정보 통신, 복지 등으로 다양하다. 신지식인 심사는 외부 인사와 내부 전문가 등 총 9명으로 구성한 심사위원회가 서류 심사와 현장 실사, 면접 심사를 거쳐 선발한다. 협회는 2022년까지 8천여 명의 신지식인을 선정했다. 올해도 변함없이 신지식인을 선발한다. 김대중 정부에서 시작한 신지식인 운동은 이제는 민간 운동으로 확실히 뿌리를 내렸다.

4대 부문 개혁

산은 높고 골은 깊었다. 4대 부문 개혁이 그랬다.

> 1998년 봄은 내 일생에 가장 아픈 날들의 연속이었다. 봄날은 화창했지만 마음은 무겁기만 했다. 위기는 기회이기도 했다. 나는 기업, 금융, 공공, 노동 부문을 전면 쇄신하기로 했다. 아른바 4대 부문 개혁이었다.

김대중 대통령이 회고록에서 밝힌 내용이다. 당시 국제통화기금(IMF)으로부터 구제 금융을 받아 최악인 국가 부도라는 급한 사태는 막았다. 하지만 고비용 저효율의 개혁 없이는 환란은 언제든지 재발할 수 있었다. 나라 운명이 바람 앞의 촛불 같은 급박한 상황이었다.

김 대통령은 당선자 시절, 매일 새벽 4시 30분이면 어김없이 일어났다. 한 장의 보고서를 보기 위해서였다. 보고서는 「외환일보」였다.

1997년 12월 29일 김 대통령 당선자 측과 정부는 경제 정책 전반을 조율할 임시 기구로 비상경제대책위원회를 구성했다. 당선자 측 인사 6명과 정부 측 인사 6명이 참여했다. 위원장은 김용환 씨, 기획단장은 이헌재 씨가 맡았다. 기획단은 외채 기한 조정, 금융 구조 조정, 정리해고제 확대, 외자 유치 등을 이끌었다.

첫 임무는 「외환일보」 작성이었다. 이헌재 당시 기획단장이 회고록에서 밝힌 내용이다.

> 한국의 외환 금고는 물이 들어찬 소금 창고 같았다. 외환 사라지는 것이 꼭 소금 녹아내리듯 했다. 두 달 사이 스탠더드 앤드 푸어스(S&P)의 신용 등급이 10단계나 추락한 나라였다. 언제 망할지 모르는 나라, 외국인들은 앞다퉈 돈을 빼갔다. 오늘은 또 얼마나 녹아내렸나. 외환 보유고를 확인하는 것은 응급 조치의 시작이었다. …… 자정에 숫자를 받으면 「일보」는 새벽 서너 시에 완성했다. 내용은 간단했다. 그날 들락거린 외환과 외환 보유액 정도였다. 완성한 보고서는 김용환 위원장을 거쳐 대통령 당선자 집으로 들어갔다. 「외환일보」가 당선자 일산 집에 팩스로 들어가는 시각이 보통 새벽 4시 30분쯤이었다. 비서가 그 종이 한 장을 침실 문틈으로 밀어 넣으면 어김없이 침실에 불이 켜졌다고 한다. DJ가 새벽마다 일어난 숫자를 확인했다는 얘기다. 김용환 전 장관이 직접 전해 준 일이다. 종이 한 장 내려앉는 소리에 잠을 깨는 대통령 당선자. 얼마나 처연한 얘긴가. 누구나 들으면 혀를 찼다.(『위기를 쏘다』).

환란 주범인 재벌을 바라보는 국민의 시선은 싸늘했다. 원망이 가득했다. 1998년 1월 초, 김용환 위원장은 기업 구조 조정 원칙을 마련해 김 당선자에게 보고했다. 김 당선자는 기업 개혁을 위해서는 '대마불사(大馬不死)'의 속설을 깨야 한다고 생각했다.

그해 1월 13일 오전, 김대중 대통령 당선자는 귀빈식당에서 4대 그룹 총수들과 조찬 회동을 갖고, "기업 총수들이 자기 자신의 재산을 주식 투자 등을 통해 내놓는 노력을 해야 한다." 라고 말했다.

이날 경영진 퇴진 등 책임을 강화한다는 등의 5개 항의 합의 사항을 발표했다. 합의문 내용은 '△기업의 구조 조정 시 지배 주주(사실상의 지배 주주 포함)는 자기 재산 제공에 의한 증자와 대출에 대한 보증 등 자구 노력을 경주하고 △결합재무제표 작성의 조기 도입 등으로 기업 경영의 투명성을 제고하며 △그룹 내 기업 상호 간 자금과 경영 지원 관행을 원칙적으로 단절하는 등, 상호 지급 보증을 해소한다. △자기 자본 비율을 제고해 재무 구조를 획기적으로 개선하고 △경영 역량을 주력, 핵심 사업 부문으로 집중한다.'였다.

이 회동에는 삼성 이건희. 현대 정몽구. LG 구본무. SK 최종현 회장 등이 참석했다. 대우 김우중 회장은 투자 유치를 위해 해외에 체류 중이어서 당선자 측에 사전 양해를 구하고 불참했다.

김 당선자는 "오늘날 경제가 이렇게 된 것은 기업의 경영 방식과 금융 독점 때문에 파생한 점도 있다."면서 "경제를 살리기 위해서는 경제인들의 노력과 희생이 필요하다."라고 강조했다.

그룹 총수들은 이달 17일까지 자체적인 구조 개혁안을 작성해 제출키로 했다. 이날 만남은 1시간 반 가량 진행되었다. 분위기는 좋았다고 한다. 당시 정부 지상 과제는 구조 개혁을 강도 높고 신속하게 추진하는 일이었다. 하지만 기대만큼의 진전은 없었다. 답답한 시간이었다.

1997년 12월 감동적인 일이 일어났다. '금 모으기 운동'이 시작된 것이다. 새마을부녀중앙연합회는 12월 10일 오후 서울 프레스센터 19층 국제회의실에서 '애국 가락지 모으기 운동'을 위한 특별 행사를 개최했다.

이날 부녀 회원들은 금 2,445돈과 은 133돈, 외화 3,022달러를 모아 정부에 전달했다. 구한말 백성들이 국채 보상 운동을 전개했듯이, 이 운동은 시작과 동시에 들불처럼 전국으로 확산되었다. 국민은 나라 빚을 갚기 위해 자신의 주머니를 털었다. 초등학생부터 노인에 이르기까지 수많은 국민이 이 운동에 동참했다.

이 운동에 얽힌 이야기가 하나 있다. 이 운동 제안자가 바로 김 대통령이라는 사실이다. 김 대통령은 1997년 말, 소비자 보호 단체 간부들과 간담회를 하면서 이 운동을 처음으로 제안했다고 회고록에서 밝혔다. 김 대통령의 증언이다.

> 우리나라가 연간 60억 달러의 금을 수입하는데 상당 부문 금고에 쌓여 있습니다. 금 모으기 운동을 해 이를 내다 팔면 달러를 마련할 수 있을 것입니다.(『김대중 자서전 2』)

이 말이 국민 금 모으기 운동의 씨앗이 될 줄은 그도 몰랐다. 이 운동의 반향은 엄청났다. 김 대통령 당선자도 1998년 1월 23일 '나라사랑 금 모으기 운동'에 참석, 금 거북이와 행운의 열쇠 등을 기부했다. 이 운동은 1998년 3월까지 계속되었다. 전국에서 무려 350만 명이 금 236톤을 내놓았다. 당시 시세로 21억 5000만 달러였다. 이 운동은 전 세계를 감동시켰다.

김수환 추기경은 추기경 취임 때 받은 십자가를 내놓았다. 주위에서 "그 귀한 것은 어떻게 내놓으시냐?"라고 묻자 김 추기경은 담담하게 말했다. "예수님은 몸을 버리셨는데, 이것은 아무것도 아니다."

1998년 2월 25일 김 대통령은 취임사에서 "'국민의 정부'가 당면한 최대의 과제는 경제적 국난을 극복하고 우리 경제를 재도약시키는 일입니다. '국민의 정부'가 대기업과 이미 합의한 5대 개혁, 즉 기업의 투명성, 상호 지급 보증 금지, 건전한 재무 구조, 핵심 기업의 설정과 중소기업에 대한 협력, 그리고 지배 주주와 경영자의 책임성 확립은 반드시 관철할 것입니다."라고 다짐을 밝혔다.

김 대통령은 그해 3월 5일 대통령이 의장인 '경제대책조정회의'를 신설했다. 경제 위기 조기 극복과 주요 경제 현안에 대한 고위 정책 조율을 위해서였다. 회의 참석자는 재경부와 산자부, 노동부 장관, 기획예산위원장, 금감위원장, 한국은행 총재, 청와대 정책기획수석 등이었다.

그해 3월 11일, 청와대에서 첫 회의가 열렸다. 회의 분위기는 무거웠다. 김 대통령은 이 자리에서 "개혁은 우리의 사활이 걸린 문제이며, 그 개혁에서 가장 중요한 것은 속도와 강도"라며, "재벌 개혁을 독려하라."고 채근했다. 정부의 4대 개혁은 속도를 냈다. 이 가운데 역점을 둔 일은 금융 개혁이었다. 대상은 은행이었다. 부실 은행은 미적거리지 않고 빨리 퇴출시켜야 했다.

김대중 대통령은 "은행이 제 기능을 해야 기업이 바로 서고, 기업이

건강해야 경제가 튼튼해지는 것은 상식이다. 이 상식대로 은행 구조 조정을 투명하게 진행하라."고 지시했다.

이헌재 금융감독위원장은 그해 6월 29일 동화, 동남, 대동, 경기, 충청 등 5개 은행 퇴출을 발표했다. 외환, 조흥 등 7개 은행은 경영진 개편과 유상 증자 규모 확대 등을 조건으로 경영 정상화 계획을 승인했다. 사상 초유의 일이었다. 은행 간 합병과 부실 은행 퇴출로 금융계 지형이 바뀌는 대변혁이 발생했다.

금융 구조 조정에는 막대한 공적 자금이 필요했다. 정부는 1999년 5월 20일, '경제대책조정회의'를 열어 50조 원의 공적 자금을 금융권에 지원하기로 했다. 이후 투입된 공적 자금은 총 104조 원에 달했다.

금융 구조 조정은 두 가지 방법으로 진행되었다. 하나는 공적 자금을 투입해 금융 기관 부실을 정리했다. 다른 하나는 금융 감독 체계를 재정비하는 일이었다. 2000년 11월, 2단계 금융 구조 조정을 했다.

금융 정비를 위해 1998년 1월, 금융감독위원회를 설립했다. 1999년 1월 1일에는 은행과 증권, 보험감독원, 신용관리기금을 통합한 금융감독원이 출범했다. 이어 BIS 비율(은행, 종금사), 영업용 순자본 비율(증권사), 각종 건전성 규제 기준을 마련해 부실을 사전에 예방하는 대책을 마련했다.

공공 부문 구조 조정의 첫째는 인원 감축이고, 둘째는 공기업 민영화였다. 1998년 7월 3일, 정부는 26개 공기업 중 1차로 11개에 대한 민영화 계획을 발표했다. 이 중 한국중공업 등 5개는 완전 민영화를, 한국통신, 한국전력 등 6개는 단계적으로 민영화를 추진하기로 했다. 인사 관리를 혁신하고 민원 업무도 개선했다.

노동 부문 구조 조정은 노동 시장 유연화와 노사 관계, 이 두 관점에서 추진했다. 노동 시장 유연화를 위해 정리해고제를 도입키로 했다. 노동자·사용자·정부 간 협의체로 1998년 1월 15일 노사정위원회를 설치했다.

그해 2월 6일, 경제 위기 극복을 위한 고통 분담의 대타협을 마침내 이끌어 냈다. 노동계, 기업, 정부 등 3대 경제 주체의 대표는 나라 전체에 걸친 신속하고도 근본적인 개혁의 단행 없이는 도저히 극복할 수 없는 총체적 국가 위기라는 데 인식을 같이했다. 공정한 고통 분담으로 경제 위기를 극복하자고 의견을 모았다. 이는 일방이 아니라 '국민 대통합 선언'이라는 점에서 의미가 각별했다.

가장 큰 난제는 5대 재벌 구조 조정이었다. 1998년 9월 3일, 손병두, 당시 전경련 상근부회장이 5대 그룹 사업 구조 조정 방안을 발표했다. 5대 그룹은 삼성과 LG, 대우, 현대, SK에 국한되었다.

조정 대상은 반도체와 석유 화학, 발전 설비, 항공, 자동차, 철도 차량, 정유 등 7개 업종이었다.

가장 살바 싸움이 치열했던 업종은 당시 슈퍼 빅딜로 불렸던 반도체 빅딜이었다. 정부는 현대전자와 LG 반도체를 일원화하기로 했다. 그룹 간 쟁탈전은 포성 없는 전쟁이었다. 두 그룹은 통합 회사를 만들자는 원칙에는 합의했다. 하지만 경영권을 놓고는 한 치도 물러서지 않았다.

1998년 12월 7일 오후 4시, 김대중 대통령은 청와대에서 재계, 정부, 채권 금융 기관 등과 합동 간담회를 열고 5대 재벌의 구조 조정 방안을 확정했다. 회의는 2시간 10분간 계속해서 진행되었다. 김 대통령은 "12월 25일까지 경영 주체 선정을 완결하지 못하면 귀책사유가 있는 기업에 금융 제재 조치를 내리겠다."고 선포했다. 기업 돈줄을 끊겠다는 강력한 시그널이었다.

이듬해인 1999년 1월 6일, 청와대 집무실 옆 접견실에서 김대중 대통령과 구본무 LG 그룹 회장이 만났다. 배석자는 강봉균 경제수석 혼자였다. 비장한 표정의 구 회장이 말문을 열었다.

> 반도체는 선친이 물려주신 사업입니다. 기술력과 재무 구조도 우수합니다.

김 대통령은 말이 없었다. 표정도 굳었다. 구 회장은 대통령 마음을 돌리는 게 불가능하다고 판단했다. 그는 모든 걸 내려놓기로 결심했다.

> 아쉽지만 국가 경제를 위해 내어놓겠습니다. 이왕 포기하는 것, 지분 100%를 모두 현대에 넘기겠습니다.

반도체 빅딜은 이렇게 막을 내렸다. 강봉균 경제수석 증언이다.

> 구 회장은 이미 정부 방침에 따르기로 결심하고 청와대로 왔어요. 비감한 심정을 토로하면서 정부 결정에 따르겠다고 했어요. 김 대통령이 그를 위로했습니다. 면담 시간은 30분 정도였어요.

LG 반도체를 인수한 현대반도체는 반도체 가격 폭락으로 인해 한때 경영난에 빠졌다. 2001년 현대반도체는 하이닉스로 사명을 변경했다. 그러나 현대는 반도체를 끝까지 지키지 못했다. 2012년 2월, SK가 하이닉스를 인수했다. SK는 그해 3월 사명을 SK 하이닉스로 변경해, 오늘에 이르고 있다.

한국은 2001년 8월 23일 국제통화기금(IMF)으로부터 빌린 긴급 자금 가운데 마지막 남은 잔액을 3년 앞당겨 상환했다. 외환 위기 이후 3년 8개월 만에 IMF 체제를 완전히 졸업했다. 모두 기쁜 날이었다. 그러나 그 과정은 눈물겹도록 험난했다.

재벌 개혁 성공에 대해 강봉균 경제수석은 "김 대통령이 과거 정부와 달리 분명한 철학과 원칙으로 일관성 있게 추진했기 때문"이라며, 다음과 같이 성공 요인을 밝혔다.

첫째, 개혁의 목표가 재벌을 응징하려는 데 있는 것이 아니라 재벌의 국제 경쟁력을 회복시키려는 데 있다는 점을 재벌들이 인식하게 했다.

둘째, 정부가 특정 재벌에 이익이나 불이익을 주려는 자의적 판단을 철저히 배제하고 공개적인 원칙과 기준에 의해 추진했다.

셋째, 개혁은 일회성이 아닌 법과 제도에 의해 추진했으며, 개혁 프로그램도 채권 금융 기관의 협약에 의해 체계적으로 추진했다.

넷째, 한번 합의한 개혁 프로그램은 변경하거나 후퇴하지 않고 차질 없이 추진하도록 정부가 금융 감독 기능을 통해 점검했다.

다섯째, 재벌 개혁의 추진 상황을 국내는 물론, 국제 사회에도 공개해 투명성과 신뢰성을 얻도록 노력했다.

김 대통령이 준비된 대통령이라는 말은 빈말이 아니었다. 그는 장관들이 보고를 하거나 토론을 할 때 항상 노트를 옆에 놓고 대화했다. 중요한 내용은 일일이 노트에 기록했다. 그 노트는 장관들에게 공포의 노트였다. 노트에는 일자별, 부문별로 지시한 내용을 적었다.

장관들이 아무리 준비해도 늘 모자랐다. 김 대통령이 퇴임할 때까지 기록한 국정 노트는 27권이었다. 긴 고통의 터널을 지나자 새 희망의 빛이 찬란하게 다가왔다. 김대중 대통령 회고이다.

> 정말 하루하루가 전쟁 같았다. 싫은 소리, 모진 소리도 많이 했다. 나를 믿고 흔들림 없이 따라 준 각료와 공무원들이 고마웠다. 우리는 이런 개혁을 통해 나라의 체질을 바꿨고 IMF 체제에서도 희망을 품고 새 천 년으로 넘어올 수 있었다.(『김대중 자서전 2』)

벤처 산업의 구상

벤처, 21세기 꽃. 새 출발은 새 희망이었다.

> 벤처 기업은 새로운 세기의 꽃입니다. 이를 적극 육성하여 고부가 가치의 제품을 만들어 경제를 비약적으로 발전시켜야 합니다. 벤처 기업은 많은 일자리를 창출해서 실업 문제를 해소하는 데에도 크게 이바지할 것입니다.

김대중 대통령은 1998년 2월 25일 오전 10시, 서울 여의도 국회의

사당 앞 광장에서 거행한 '국난 극복과 재도약의 새 시대를 엽시다' 라는 취임사에서 위와 같이 말했다.

이 말은 벤처 기업인들에게 최상의 복음(福音)이었다. 김대중 대통령은 대선 후보자 시절 기자들에게 '아이디어와 기술력, 자금을 결합한 정책을 골자로 한 벤처 산업 육성 방안'을 공개했다. 그리고 이를 대선 공약으로 제시했다. 벤처 육성은 그렇게 새 정부 100대 공약 과제에 포함되었다.

김대중 대통령은 당선자 시절인 1997년 12월 20일, 임창렬 경제부총리로부터 첫 업무 보고를 받는 자리에서도 "중소기업과 벤처 기업을 특별히 지원해 달라."고 수 차례 당부했다. 그리고 김대중 대통령은 재임 중 벤처 산업 육성에 각별한 관심을 가지고 지원을 아끼지 않았다. 벤처 육성 의지는 확고했고, 초지일관했다. 그 덕분에 벤처 산업은 외환 위기 극복의 소방수로 등장했다. 김 대통령의 기대처럼 일자리 창출로 실업난을 해소하는 데 큰 역할을 했다.

김 대통령은 취임 후 그해 3월 19일 정부과천청사에서 산업자원부 업무 계획을 보고받았다. 박태영 산업자원부 장관은 "현재 2천여 개인 벤처 기업을 오는 2002년까지 2만 개로 늘리고, 올해 창업 벤처기업 3천 개에 3억 원씩 총 9천억 원을 지원하겠다."고 보고했다.

김 대통령은 세계적인 석학 앨빈 토플러와의 만남에서도 벤처 산업을 대화 주제로 삼았다. 그만큼 김 대통령의 벤처 산업에 대한 관심은 특별했다. 1998년 4월 7일 오전, 김대중 대통령은 청와대 접견실에서 미래학자로 유명한 앨빈 토플러 박사를 만났다. 두 사람은

"어서 오십시오. 반갑습니다." "국정에 바쁘실 텐데 시간을 내주셔서 감사합니다."라며 서로 반갑게 인사했다. 이때가 김 대통령과 토플러 박사의 두 번째 만남이었다.

김 대통령이 앨빈 토플러 박사를 처음 만난 것은 1997년 9월 9일이었다. 김 대통령과 앨빈 토플러 박사의, 한 시간 동안 이어진 접견 분위기는 격의 없고 화기애애했다. <표 3-1>은 두 사람이 나눈 대화 중 벤처에 관한 내용을 보도한 기사의 일부이다.

<참고기사 3-1> 김대중 대통령과 앨빈 토플러의 벤처 산업 대화

김 대통령: 한국 벤처 기업을 어떻게 전망합니까?

토플러: 한국 벤처 기업 경영과 미국에서 말하는 벤처 기업, 벤처 자본은 차이가 있는 듯합니다. 한국 벤처 기업은 흔히 저리 대출을 제공받은 기업으로 생각합니다. 기업 이익의 5% 이상을 연구 개발(R&D)에 투자하면 벤처 기업 범주에 속합니다. 미국은 작은 규모의 유망한 기업을 벤처라고 합니다. 벤처 자본이 어디로 이동할지는 시장이 결정합니다. 한국도 벤처 자본과 관련해서 법적 금융상의 제도를 바꾸는 것이 필요하다고 생각합니다. 미국 자본 조달 방식은 바뀌고 있습니다. 최근 기업들은 인터넷으로 자본을 조달합니다. 인터넷에 기업이 무엇을 생산하는지, 어떤 미래를 가지고 있는지를 소개해 자본을 조달하는 방식입니다. 이렇게 하면 기업이 은행에 가거나 대규모 투자가에 의존하지 않고도 자본 조달이 가능하고, 특히 중간 단계를 거치지 않습니다. 한국 기업도 이런 방법을 고려해 보시기 바랍니다.

김 대통령: 어떤 분야가 유망하다고 봅니까?

토플러: 확실한 답변을 드리려면 제가 한국을 더 많이 알아야 합니다. 일반적으로 센서와 신소재, 인공 피부 등이 유망합니다. 인공위성 정보와 유전 공학을 결합한 첨단 농경 분야도 유망합니다.

출처: 이현덕, "DJ와 앨빈 토플러", 전자신문 (2013년 2월15일자)

김대중 대통령은 자서전에서 "토플러 박사는 우리가 마련한 실업

대책 중에서 중소·벤처 기업 육성 방안이 바람직하다."라며 힘을 실어 주었다고 밝혔다. 이날 접견에 배석했던 정호선, 당시 국민회의 국회의원의 말이다.

> 토플러 박사의 저서 『제3의 물결』을 옥중에서 탐독하신 김 대통령께서는 미래 정보화 사회에 대한 관심과 우리나라를 정보 대국으로 만들겠다는 확고한 의지를 거듭 피력하셨습니다. 토플러 박사는 자신도 한때 실업자였다는 말을 하면서 한국 정보화에 조언을 아끼지 않았습니다.

그해 6월 6일, 김대중 대통령은 9일 일정으로 미국 국빈 방문길에 올랐다. 김 대통령은 방미 중 클린턴 대통령과의 정상 회담을 비롯하여 민관 차원에서 한미 경제 협력을 이끌어 내는 등, 매우 빡빡한 일정을 소화했다.

이 국빈 방문에 정부는 벤처 기업인 위주로 대규모 투자 유치단을 꾸렸다. 대통령 국빈 방문에 벤처 기업인이 대거 동행한 일은 이때가 처음이었다. 투자 유치단은 120여 명으로, 정부와 벤처 기업. 대기업, 창투회사, 증권회사, 지방 자치 단체 관계자 등으로 구성된 매머드급 규모였다.

이 중 국내 우수 벤처 기업 대표가 62명이었다. 이민화 벤처기업인협회 회장과 조현정 비트컴퓨터 사장 등이 포함되었다. 유치단은 미국 투자가를 한국에 유치하여 한국에 투자 붐을 조성하는 것을 목표로 했다.

투자 유치단은 6월 8일과 11일, 두 차례에 걸쳐 미국 로스엔젤레스(LA)에서 한미 투자 포럼을 열였다. 포럼은 1부와 2부로 진행되었다. 1부에서 한국 경제 당면 과제에 대해 한미 양측이 발표 하고, 토론을 했다. 2부에서는 벤처 포럼과 금융 포럼 등을 열고 현지 참가자들과 현지 투자 상담을 진행했다. 포럼에는 300여 명의 미국 투자가들이 참석해 성황을 이루었다. 이들과 투자 상담한 결과 모두 350여 건의 실적을 올렸다.

김대중 대통령은 미 클린턴 대통령과의 정상 회담 등 워싱턴 일정을 끝내고, 11일 오후 샌프란시스코로 향했다. 김 대통령은 이곳에서 동포 초청 리셉션, 실리콘 밸리 기업인 접견, 스탠포드대학교 연설, 실리콘 밸리 내 벤처 기업 방문 등의 쉴 틈 없이 바쁜 일정을 보냈다.

김 대통령은 이곳에서 한국 벤처 산업의 전도사를 자임했다. 김 대통령은 스탠퍼드대 총장 주최 오찬 연설에서 "한국과 미국이 벤처 분야에서 서로 협력할 경우 매우 큰 시너지 효과를 거둘 수 있다."면서, "미국 기업인들이 한국에서 모험을 시도해 주길 희망한다."고 말했다.

김 대통령은 숙소에서 실리콘 밸리 주요 기업인들과 만나 "한국은 세계에서 가장 컴퓨터를 잘 쓰는 국민을 목표로 삼고 있다."면서, "미국 벤처 기업들이 한국의 잠재력을 보고 한국 기업에 투자한다면 큰 성과를 거둘 것"이라고 강조했다.

이민화 당시 한국벤처기업협회장의 증언이다.

김대중 대통령은 당선 6개월 후인 1998년 6월 미국을 공식 방문했다.

투자 유치를 겸한 이 방문에 벤처업계 대표들도 동행했다. 미국 로스엔젤레스에서 벤처 기업 투자 설명회를 열었다. 이 행사를 끝낸 벤처업계는 실리콘밸리에 가서 벤처기업협회 현지 지부 결성식을 가졌다. 재미상공인협회와 업무 제휴도 확대했다.

그해 7월 22일 낮, 김대중 대통령은 청와대에서 중소기업 대표들과 오찬을 하며 중소기업의 애로 사항을 청취했다. 청와대 오찬 간담회에는 이규성 재정경제부 장관과 이정무 건설교통부 장관, 박태영 산업자원부 장관, 배순훈 정보통신부 장관, 추준석 중소기업청장, 박상희 중소기업중앙회장을 비롯한 회장단과, 이민화 한국벤처기업회장 등 벤처 기업 대표 22명이 참석했다.

김 대통령은 중소기업 대표들의 애로 사항을 듣고 "중소기업 뿌리가 튼튼하지 않고는 중산층과 사회 기반이 제대로 강화될 수 없다."면서, "오늘 모임이 새로운 중소기업 역사를 창조하는 계기가 되도록 함께 노력하자."고 당부했다.

이날 특히 이민화 벤처기업협회 회장의 건의 사항이 많았다. 그는 "대학과 연구소의 '1실험실 1창업' 운동을 추진해야 하며, 대학이 벤처 기업의 요람이 되도록 대학 내 창업 보육 센터 건립을 늘려야 한다."면서, "대학과 연구 기관 실험실과 연구 시설도 공장 등록이 가능하도록 하여 병역특례제도의 수혜를 받을 수 있게 해 달라."고 건의했다. 이 회장은 "테크노파크가 전국으로 확산되어야 하며, 소프트웨어(SW) 불법 복제가 만연해 벤처 기업의 생존 기반을 무너뜨리고 있다."면서, "공공 기관부터 정품을 사용해야 한다."고 주장했다.

이에 대해 박태영 산업자원부 장관은 "벤처업계를 위해 <벤처기업특별조치법> 개정안을 마련 중이며, 창업 보육 센터는 1999년부터 20개씩 건립을 지원, 2002년까지 100개를 만들 것"이라고 답했다.

김 대통령의 의지와 벤처 산업 정책의 구체화

1998년 7월 22일 열린 간담회에서 김 대통령과 중소기업 대표들은 어려움에 빠진 중소기업 회생을 위해 다음과 같은 9개 사항에 합의했다.

1. 중소기업과 대기업이 공정 경쟁할 수 있는 시장 경제 창달에 경제 정책의 최우선 순위를 둔다.
2. 정부는 경제 구조 조정 과정에서 중소기업 자금난을 완화하기 위해 신용 보증 확대, 대출금 상환 연기, 무역 금융 대책을 차질 없이 추진하며, 시설 자금으로 지원한 정책 자금 중 금년 말까지 상환이 도래하는 총 425억 원 상환 기금을 6개월 연장 조치한다.
3. 중소기업계는 기업 구조 조정에 능동적으로 참여해 재무 구조를 개선하고, 경영의 비능률 요인을 제거해 경쟁력 있는 중소기업 시대 도래를 앞당긴다.
4. 정부는 수출 잠재력이 큰 중소기업체를 적극 지원하면서, 고용 창출 효과가 큰 영상 산업과 정보 통신 산업, 유통 산업, 건설 산업 등 중소기업이 번창할 수 있도록 세제 금융상의 지원을 강화하고, 각종

정부 규제를 축소한다.

5. 정부는 공공 기관의 중소기업 제품 조기 발주에 노력하며, 중소기업계도 단체 수의 계약 제도의 경쟁 저해 요소를 제거하는 데 앞장선다.
6. 중소 유통업의 발전을 위해 '중소 유통 정보 사업'을 적극 지원하고, 농수산 유통 단지의 부지 확보 대책을 마련한다.
7. 정부의 사회 간접 자본(SOC) 투자를 적극 늘려 중소 건설업체에 도움을 주며, 주택 건설업체에 대한 자금 대책도 강구한다.
8. 정부는 '전경련과의 대화' 창구를 상설화한 데 이어 '중소기업계와의 대화' 창구도 상설화해 중소기업 애로 타개에 노력한다.
9. 정부는 정보 통신 산업을 비롯한 벤처 기업 육성이 경제 재도약의 관건임을 인식하고, 우선 다음과 같은 조치를 강구한다.

정부는 벤처업계 건의에 대해 다음과 같은 답을 내놓았다.

1. 대학 및 연구소의 실험실이 창업의 요람이 되도록 지원한다.
2. 영상 산업 육성을 위해 디지털화 사업과 전문 인력 양성 사업을 적극 지원한다.
3. 정부와 공공 기관은 정품 SW만을 사용하고, 불법 복제 근절을 위한 예산을 99년부터 정책에 반영한다.
4. 주문형 반도체 업체에 대한 세제 감면 혜택을 부여하고, 정보 통신분야 인력 확보를 위해 병역 특례 제도를 보완한다.
5. 정보화 사업에 고학력 미취업자를 활용토록 공공 근로 사업에 1350억 원(추경)을 반영한다.

6. 정보 통신 분야 중소기업의 경영난 완화를 위해 체신 금융 자금 3000억 원을 긴급 지원한다.

김 대통령은 벤처업계의 건의 사항을 모두 정책에 반영하라고 해당 부처에 지시했다. 대규모 미국 투자 유치단 활동에 이어 김 대통령 이와 같은 지시로 벤처 기업인들은 사기가 충천했다.

그해 9월 1일. 벤처기업협회는 서울대학교 신공학관에서 두뇌강국 실천 프로그램의 하나로 '대학 1실험실 1창업 운동' 출범식을 가지고 본격적인 활동을 시작했다. 이는 석박사급 고급 기술 인력 70% 이상을 보유한 대학 교수들과 연구원들이 직접 벤처 기업 창업에 나설 수 있는 환경을 조성하기 위한 운동이었다.

출범식에는 이민화 벤처기업협회 회장과 이정무 서울대 공대 학장 등 200여 명이 참석했다. 이 운동은 대학 내 벤처 기업인 '실험실 벤처 기업' 창업으로 이어졌다. '실험실 벤처 기업'은 교수가 지분 출자와 함께 기술과 경영 자문을 맡고, 회사 운영은 석박사 과정에 있는 학생들이 담당했다.

아주대 의대 곽병선 교수 등 8명은 1998년 3월 '뉴로텍'을 창업했다. 그 뒤를 이어 서울대 의대 서정선 교수는 1998년 6월 '마크로젠'을 창업했다. 1999년 7월에는 중앙대 컴퓨터 공학과 권영빈 교수 등이 '비전넷'을 창업했다. 권 교수는 자본금 2000만 원으로 건축 도면을 인식해 자동 파일로 전환해 주는 기술을 사업화했다. 권 교수를 비롯한 교수 4명이 주주로 참여했고, 박사 과정 학생들이 대표를 맡았다.

교수 창업은 분야도 이공계 중심에서 생명, 의학, 경제, 경영 분야로 확산했다. 1999년 9월 말 '실험실 벤처 기업'은 100여 개로 늘어났다.

산업자원부는 1998년 12월 30일, 국회 본회의 의결을 거쳐 벤처 기업 육성에 관한 <특별조치법>을 개정했다.

1. 벤처 기업의 범위를 현실에 맞게 조정하기 위해 한국벤처투자조합이 투자한 기업과, 외국에서 도입한 고도 기술을 사업화하는 기술성이 우수한 창업 기업은 벤처 기업에 추가한다.
2. 대학 교원이나 연구 기관 연구원 등이 대학이나 연구 기관 연구시설과 연구 성과를 이용해 창업할 수 있도록 대학이나 연구 기관에 실험실 공장을 설치해 도시형 공장으로 등록할 수 있도록 한다.
3. 외국인 등의 자금을 유치해 벤처 기업에 대한 투자를 촉진하기 위해 중소기업 창업과 진흥 기금 관리 주체는 외국인 등과 공동으로 한국벤처투자조합을 결성할 수 있다.
4. 주식회사 벤처 기업 설립과 개인 기업 벤처 기업의 주식회사 전환을 촉진하기 위해 벤처 기업을 주식회사로 설립하는 경우 최저 자본금을 2000만 원으로 인하한다. 한국증권업협회에 등록한 벤처 기업에 대해서는 상장 기업과 동일하게 자기 주식 취득과 일반 공모 시 증자를 허용한다.
5. 우수 인력의 벤처 기업 창업을 촉진하기 위해 교수와 연구원 등이 벤처 기업 임직원을 겸임 또는 겸직할 수 있고, 벤처 기업 설립이나 기술, 경영 혁신에 기여한 사람에 대해 주식 매입 선택권을 줄 수 있도록 한다.

6. 산학연의 협조 체제를 강화하기 위해 대학이나 연구 기관이 설립 운영하는 창업 보육 센터에 입주한 사람은 도시형 공장을 설치할 수 있다.

정부의 벤처 육성 정책에 따라 차츰 벤처 붐이 일어나기 시작했다. 삼성과 SK, LG, 포항제철 등 대기업들도 벤처 투자에 나섰다. 대기업의 20, 30대 직원들이 우량 중소기업으로 이직하거나, 아예 창업하는 일도 증가했다. 대기업 선호 직업관에 변화가 생긴 것이다.

정부도 다양한 벤처 산업 육성책을 마련했다. 산업자원부는 인터넷 공간에 '사이버 벤처 대학' 개설을 추진했다. 일부 사이버 대학은 정규 과목으로 벤처 농업과를 신설하기도 했다.

정보통신부는 정보 통신 벤처 기업 육성책을 마련했다. 문화관광부는 관광 분야 유망 벤처 기업 육성에 나섰다. 해양수산부는 2010년까지 해양 벤처 기업 100개를 육성하기로 했다. 환경부는 환경 벤처 기업을 육성하기로 했다.

1999년 7월 24일 오전, 김대중 대통령은 서울 서초구에 있는 대학생 벤처 기업 1호인 비트컴퓨터를 방문했다. 비트컴퓨터는 조현정, 당시 사장이 대학생 시절 우리나라에서 처음 세운 벤처 기업이다. 김 대통령은 이날 오전 비트컴퓨터 앞에 도착해 조현정 사장의 영접을 받았다.

김 대통령은 곧바로 1층 회의실에서 비트컴퓨터 회사 현황을 보고받았다. 이어 조현정 사장 안내로 비트컴퓨터가 개발한 의료용 SW 제품을 둘러보았다. 김 대통령은 이 자리에서 와이셔츠 차림으로 비트컴퓨터가 개발한 얼굴 시술 SW 프로그램을 직접 체험하기도 했다. 김 대통령은 체험 후 "얼굴이 실제 나이보다 훨씬 젊게 보인다."라며 파안대소했다. 김 대통령은 이날 "21세기는 각 분야에서 세계 1위를 차지하는 벤처 기업과 전문 중소기업 발전이 가장 중요하다."며 "정부는 벤처 기업 창업에서 성장까지 전 과정을 적극 지원할 계획"이라고 밝혔다.

김 대통령의 비트컴퓨터 방문에는 정덕구 산업자원부 장관과 남궁석 정보통신부 장관, 이기호 청와대 경제수석 등이 수행했다. 이와 관련하여 조현정 현 비트컴퓨터 회장은 다음과 같이 말했다.

> 갑자기 청와대에서 연락이 왔습니다. 대통령께서 방문하니 준비하라는 겁니다. 밤새 보고 준비를 했습니다. 김 대통령께 회사 현황은 홍보 담당자가 보고했습니다. 제가 김 대통령께 회사에서 개발한 SW 제품을 소개했습니다. 대통령 취임 후 첫 벤처 기업 방문이었습니다. 벤처 기업인들에게 자긍심을 심어 주는 일이었습니다.

김 대통령 방문 이후 게임과 콘텐츠 사업, 네트워크 장비업체 등 각 분야에서 벤처 기업이 눈덩이 굴러가듯 증가했다. 1999년 중소기업청에 등록한 벤처 기업 수는 4,934개였다. 1998년 2,042개에 비해 2배 이상 늘어난 것이다. 그해 연말 벤처 기업인들은 희망에 부풀었다.

새 천년이 밝은 2000년 1월 24일 오후, 김대중 대통령은 서울 강남구 포스코빌딩 4층 강당에서 열린 '새천년 벤처인과의 만남'에 참석했다. 이 자리에는 벤처기업단체장과 기업인 257명, 경제단체장,

산업자원부 장관, 정보통신부 장관, 중기특별위원장, 중소기업청장, 강남구청장 등 320명이 참석했다.

김 대통령은 이날 "21세기 지식 기반 경제 시대는 벤처 시대"라며, "벤처가 우리 경제 발전의 새로운 원동력이 되도록 벤처 기업인들이 더욱 노력해 달라."고 당부했다.

김영호 산업자원부 장관은 <벤처 기업의 비전과 발전 전략>을 보고했다. 김 장관은 "2005년까지 벤처 강국으로 도약하기 위해 벤처 기업 4만 개, 고용 인원 120만 명, 국민 총생산액(GNP) 비중 18%로 발전시켜 나가겠다."라고 의지를 밝혔다.

김 대통령은 벤처 기업 성공 사례 영상물을 시청하고, 벤처인들과 대화를 나눈 뒤 전시한 우수 제품을 살펴보았다. 김 대통령은 이어서 벤처 기업인들이 밀집해 있는 서울 강남구 서초구 일대를 '서울벤처밸리'로 명명(命名)하는 선포식과 벤처상징탑 제막식을 거행했다. 이날 '벤처인과 만남' 행사는 세계에 인터넷으로 중계되었다. 벤처인들에게 벤처밸리는 희망의 땅이었다. 당시 "사람은 서울로 보내고, 벤처인은 테헤란로로 보내라."라는 말이 유행할 정도였다.

그해 6월 4일 오전 10시부터 서울 강남구 테헤란로에서 '서울벤처밸리 달리기 축제'가 열렸다. 축제는 장흥순 벤처기업협회장과 정희자 여성벤처협회장, 일반 시민, 김영호 산업자원부 장관, 한준호 중소기업청장, 최병렬 한나라당 국회의원 등 6천여 명이 참석해 대성황을 이뤘다. 장흥순 회장은 개회사를 통해 "2000년 서울벤처밸리 달리기 축제는 한국 경제의 미래를 이끌 젊은 벤처인들이 모여 새로운 도약을 다짐하는 축제의 장"이라며, "벤처 기업들이 벤처 강국 육성에 최선을 다하자."고 당부했다.

개회사에 이어 강남역 사거리에서 삼성역 사거리까지 약 5km에서 달리기 축제를 시작했다. 달리기 출발지와 도착지에는 벤처 기업들이 홍보 부스를 마련, 각종 이벤트와 기념품을 제공하며 회사 홍보에 열을 올렸다. 다음은 달리기에 참여했던 이민화 초대 벤처기업협회 회장의 말이다.

> 당시 일요일이긴 해도 서울 강남 한복판 도로를 막고 달리기를 한다는 일이 쉽지 않았습니다. 서울시와 구청, 경찰서 등 관계 당국의 적극적인 도움이 없었으면 개최가 불가능했습니다. 정부의 강력한 벤처 산업 육성 의지가 있었기에 가능했습니다. 벤처 기업에 대한 시민들의 기대가 반영된 뜻깊은 행사였습니다.

2000년 9월 27일, 벤처 산업의 재도약을 모색하기 위한 '2000 벤처 기업 전국 대회'가 서울 강남 한국종합전시장(COEX) 오디토리움에서 개막되었다. 29일까지 3일간 열린 이 대회에는 정보 통신과 신소재, 부품, 생명 공학 등 120개 벤처 기업이 참여해 첨단 기술 제품을 전시하고 외국업체들과 수출 투자 상담을 벌였다.

첫날인 27일에는 우수한 기술력과 새로운 아이디어를 가진 34개 벤처 기업이 투자 설명회를 열었다. 둘째 날인 28일에는 정부와 학계, 벤처기업협회, 벤처캐피탈협회 등이 참가한 가운데 벤처 포럼을 개최했다.

마지막 날인 29일에는 우수 벤처 기업에 대한 시상식과 '벤처기업헌장'을 선포했다. 김대중 대통령은 이날 오후 COEX 오디토리움에서 열린 벤처기업대상 시상식에 참석, 수상자들에게 훈·포장을 수여하고 이들을 격려했다. 시상식에는 신국환 산업자원부 장관, 안병엽 정보통신부 장관, 한준호 중소기업청장, 임내규 특허청장, 장흥순 벤처기업협회장 등 1천여 명이 참석했다.

김 대통령은 치사를 통해 "벤처 기업인 여러분은 새로운 기술과 아이디어로 한국 경제의 지속적인 성장을 이끌어 가는 주역들로 한국 경제의 미래이자 희망"이라며, "정부는 벤처 기업인이 전략적 제휴와 인수 합병(M&A) 등 다양한 경영 능력을 펼칠 수 있도록 세제 지원과 함께 주식 교환 등에 따른 규제를 대폭 해소해 나갈 것"임을 밝혔다. 김 대통령은 이어 "벤처 기업의 해외 진출을 돕기 위한 '글로벌 벤처네트워크'를 구축하는 데 내년에 300억 원을 신규로 지원할 계획이며, 연구 개발 지원도 대폭 증액하였다."고 말했다.

이날 최고상인 동탑산업훈장은 비트컴퓨터 조현정 사장이 수상했다. 철탑산업훈장은 이지디지탈이, 석탑산업훈장은 싸이버텍홀딩스가 받았다. 또 산업포장을 비롯해 대통령 표창, 국무총리 표창 등 모두 76개 업체가 상을 받았다.

그해 9월 28일 오후, 김대중 대통령은 대전 엑스포과학공원 국제회의장에서 열린 대덕밸리 선포식에 참석했다. 대덕연구단지를 벤처 메카로 육성하기 위한 이날 선포식에서는 벤처 기업인, 연구 단지 입주 기관장 등 400여 명이 참석했다. 김 대통령은 이날 치사를 통해 "대덕밸리 선포식을 계기로 대덕연구단지는 산학연 복합 단지로 발전해 나가야 한다."고 당부했다.

2001년 3월 28일 낮, 김대중 대통령은 청와대로 중소·벤처 기업인 대표 220여 명을 초청해 함께 오찬을 했다. 오찬에는 장재식 산업자원부 장관과 김영수 중소기업협동조합 중앙회장, 장흥순 벤처기업협회장 등이 참석했다. 김 대통령은 이 자리에서 정부는 중소기업과 벤처 기업을 힘닿는 데까지 지원하겠다고 말했다. 김 대통령은 중소기업과 벤처 기업 지원 조건으로 '경쟁력'을 제시하고, "적당히 하는 기업은 경제에도, 국민에게도 부담을 준다."면서, "최고 기술을 개발해 달라."고 주문했다.

참석자들은 이날 "금융 환경 변화로 중소기업의 금융 조달이 쉬워졌다고는 하나, 신용 대출은 여전히 어렵다."면서, "담보가 취약한 중소기업이 신용 대출을 받을 수 있도록 정부가 적극 노력해야 한다."고 건의했다. 또 "지방 벤처 기업을 위한 인프라 확충이 시급하다."며, "여성 창업과 기업 활동을 지원할 여성기업종합지원센터를 설립해야 한다."고 제안했다.

장재식 산업자원부 장관은 이에 대해 "정부는 전국의 20여 개 지역을 벤처 촉진 지구로 지정해 육성할 것"이라면서, "올해 12개 지구에 300억 원을 지원할 것"이라고 말했다. 장 장관은 또 "중소기업과 관련된 8종의 각종 부담금과 지방세 감면도 시행 중"이라고 강조하고, "세제상 지방 벤처 기업에 별도 소득 공제가 실현되도록 힘쓰겠다."고 밝혔다.

그해 11월 1일, 김대중 대통령은 서울 삼성동 COEX에서 열린 2001 벤처기업전국대회 개회식에 부인 이희호 여사와 함께 참석했다. 이 대회에는 115개 벤처 기업이 참가했다. 개막식에는 장재식 산업자원부 장관과 김덕배 중기특위위원장, 최동규 중기청장을 비롯한 벤처 기업인 등 1,000여 명이 참석했다.

김 대통령은 치사를 통해 "대내외 경제 여건의 불확실성이 높아지고 어려움이 커지고 있는 지금이야말로 벤처 정신이 필요한 때이며, 자신이 가장 잘할 수 있는 분야에 집중해서 신기술을 개발해 세계 일류 상품과 최고 서비스로 세계 시장에 진출해야 한다."고 강조했다. 김 대통령은 "벤처 육성 촉진 지구에 대한 지원을 확대하고, 벤처기업 해외 거점과 현지 전문가 네트워크를 마련해 벤처 기업의 해외 진출을 적극 돕겠다."라며, "올해 안에 연기금 등을 활용해 5천억 원의 벤처 투자 재원을 추가로 조성하고, 벤처 투자 건전성 제고 노력도 더욱 강화해 나갈 것"이라고 말했다.

김 대통령은 이날, 네트워크 장비 제조업체인 ㈜한아시스템 신동주 사장에게 동탑산업훈장을, 하드디스크 보안솔루션 업체인 정소프트의 한동원 사장에게 철탑산업훈장을, 온라인 게임 업체인 넥슨 정상원 사장에게 석탑산업훈장을 각각 수여했다.

중소기업진흥공단이 주최하던 벤처기업전국대회는 2002년부터 벤처기업협회가 주최했다. 대회 명칭도 '벤처코리아'로 변경했다. '벤처코리아 2002년'은 2002년 10월 25일부터 27일까지 벤처기업전국대회와 한민족글로벌벤처네트워크 총회를 동시에 개최했다.

서울 삼성동 COEX에서 25일부터 3일간 열린 '벤처코리아 2002' 개막식에는 신국환 산업자원부 장관을 비롯해 벤처기업협회 장흥순 회장, 한국여성벤처협회 이영남 회장 등 벤처 관련 단체와 벤처 기업 대표 1천여 명이 참석했다.

장흥순 벤처기업협회 회장은 개회사에서 "벤처코리아의 미래와 비전을 공유하는 벤처인들의 축제를 열게 되어 기쁘다."면서, 이제는 내부의 핵심 역량을 기반으로 끊임없이 도약하는 벤처인들의 저력을 보여 줄 것을 당부했다. 벤처기업대상 시상식에서는 (주)안철수연구소 안철수 사장이 동탑산업훈장을 받았다. 또 (주)코캄엔지니어링 홍지준 사장이 철탑산업훈장을, (주)네오위즈 박진환 사장이 석탑산업훈장을 받는 등, 총 82개 벤처 기업 대표와 관련 인사들이 포상과 표창을 받았다.

이번 행사는 한민족글로벌벤처네트워크 총회와 전시회, 컨퍼런스, 토론회, 세미나 등과 마라톤 대회, 족구 대회, 자선 음악회 등 벤처인들이 함께할 수 있는 다양한 이벤트로 3일 동안 진행됐다.

벤처 산업의 위기와 재도약

'국민의 정부' 출범 후 벤처 기업은 한국 경제의 새 희망으로 떠올랐다. 벤처 기업 수가 급증했는데, 1998년 2,042개에서 2001년 말까지 매달 500여 개씩 폭발적으로 늘어났다. 2001년 말에는 13,000여 개에 달했다. 매출액 대비 GDP 비중은 1999년 4.8%에서 2001년에는 12%로 높아졌다. 2005년에는 벤처 수출액이 처음으로 100억 달러를 돌파했다.

그러나 잘 나가던 벤처 산업에 위기가 몰려왔다. 호사다마(好事多魔)였다. 이른바 '묻지마 투자'와 '무늬만 벤처'가 벤처 산업을 흔들었다. 2000년대 초, 벤처업계의 악몽으로 불리는 '4개 게이트'가 터졌다. 벤처 열풍은 거품처럼 맥없이 사라졌다. 벤처의 꽃이 시들어갔다. 2000년 3월 2,834포인트까지 치솟았던 코스닥 지수는 벤처 게이트 영향으로 12월 525포인트로 폭삭 내려앉았다. 벤처 투자도 얼어 붙었다. 벤처업계에 초비상이 걸렸다.

2002년 1월 17일 오전, 벤처업계를 대표하는 30여 명이 서울 삼성동 무역센터 빌딩에서 긴급 기자 회견을 열고 벤처 비리에 대한 입장을 밝혔다. 회견장에는 장흥순 벤처기업협회장과 김성현 한국IT중소벤처기업연합회장, 이영남 한국여성벤처협회장, 이경수 대덕밸리벤처연합회장, 한문희 한국바이오벤처협회장, 이금룡 한국인터넷기업협회장, 변대규 벤처리더스클럽 대표 등 벤처 관련 단체장과 안철수 연구소장, 조형정 비트컴퓨터 사장 등이 참석했다. 분위기는 침통했다.

장흥순 벤처기업협회장은 "일부 사이비 벤처들의 일탈로 인해 전체 건강한 벤처인들이 비리와 부정의 온상으로 인식되는 것에 크게 우려하고 있다."면서, "앞으로 벤처 기업인들의 윤리 의식 고취를 위해 '벤기기업윤리강령'을 곧 제정하겠다."라고 밝혔다.

며칠 후인 1월 25일 오후, 벤처기업협회는 대덕밸리벤처연합회, 벤처리더스클럽, 한국바이오벤처연합회, 한국IT중소벤처기업연합회, 한국여성벤처협회, 한국인터넷기업협회 등 6개 단체와 공동으로 제정한 6개 항의 '벤처 기업 윤리 강령'을 발표했다.

장흥순 벤처기업협회장은 "벤처 업계에 대한 사회적 신뢰를 높여 벤처 생태계의 건전한 발전을 도모하고, 윤리성과 도덕성을 갖춘 기업이 존경받는 사회를 만들기 위해 다음과 같은 행동 원칙을 지켜 나가기로 했다."라고 말했다. 벤처 기업 윤리 강령은 다음과 같다.

△ 우리는 경영의 신뢰성과 투명성을 확립하고, 기업 정보를 성실히 공개해 주주를 비롯한 이해관계자들의 공정한 이익을 도모한다.

△ 우리는 건전한 지배 구조와 견제와 균형이 살아 있는 경영 체제를 유지해 기업 가치 극대화를 추구한다.

△ 우리는 섬김의 자세로 끊임없는 혁신 활동과 성심을 다한 서비스를 통해 고객에게 최상의 가치를 제공한다.

△ 우리는 기업 구성원들이 정당한 보상을 받으며 자기 능력을 최대한 개발하고 발휘할 수 있는 기업 문화와 경영 시스템을 구축한다.

△ 우리는 나눔과 베품의 정신을 가지고 지역 사회 발전과 사회봉사 문화 창달에 기여한다.

△ 우리는 공정 경쟁 질서와 원칙을 존중하고 법과 제도의 틀을 벗어난 부당한 이익을 도모하지 않는다.

정부도 벤처 기업 건전화 방안을 마련했다. 그해 2월 28일 산업자원부는 건실한 벤처 기업을 육성하기 위한 '벤처 기업 건전화 방안'을 마련해, 이날 열린 벤처기업활성화위원회(위원장 신국환 산업자원부 장관)에서 최종 확정했다.

정부는 건전화 방안에서 벤처 비리 발생 소지를 제거하고, 기술력 있는 진정한 벤처 기업을 발굴하도록 벤처 확인 기준을 혁신 능력과 기술력 위주로 대폭 보완키로 했다. 또 앞으로 '무늬만 벤처', '사이비 벤처' 기업들이 다시는 등장하지 못하도록 확인뿐만 아니라, 확인 후에도 철저한 사후 관리를 통해 벤처 산업의 건전 기반을 확립하고 우리나라 벤처 산업이 재도약할 수 있는 계기를 마련하기로 했다.

김대중 대통령도 사이비 벤처 근절을 단호하게 지시했다. 그해 5월 16일 김 대통령은 청와대에서 중소기업특위 업무보고를 받는 자리에서 "진짜 벤처 기업과 사이비 벤처 기업 사이에서 옥석을 분명히 가려야 한다."고 지시했다. 김 대통령은 "정부가 벤처를 육성하는 과정에서 사이비 벤처 기업이 끼어들어 벤처 기업 전체의 이미지를 추락시켰다."면서, "벤처 기업이 위축된다는 이유로 옥석 구분을 그만둔다면 더 큰 문제가 생길 수 있다."라고 우려했다. 그런 다음, "특히 벤처 기업은 윤리를 세우고 기술로 승부하면서 냉혹한 시장 경제 원리에 적응해 나가야 한다."라고 당부했다.

벤처기업협회는 그해 8월 6일 벤처윤리위원회를 발족했다. 윤리위원회는 벤처윤리신고센터를 설치했다. 초대 위원장은 김일섭 당시 이화여대 부총장이 맡았다. 위원회는 윤리 경영 교육과 윤리 경영 확산 운동 등, 다양한 활동을 전개했다.

그해 11월 21일 정부는 세종로 정부청사에서 신국환 산업자원부 장관 주재로 벤처기업활성화위원회를 개최하고, '벤처 기업 재도약 방안'을 발표했다. 벤처업계의 재도약을 위한 조치였다. 이 방안에 따르면 기존 창업 보육 센터(BI)에 생산 기반을 갖춘 생산형 보육 센터를 설치하고, 창업 보육 센터에도 책임 경영제를 도입하는 등, 벤처 창업 지원 제도를 강화하기로 했음을 알 수 있다. 정부는 또한 연내에 500억 원 규모의 프리 코스닥 펀드를 조성하고, 민간 벤처투자조합에 전문적으로 투자하는 모태 펀드(Fund of Funds)도 2003년 중 설치하는 등, 벤처 투자 활성화 기반을 마련키로 했다.

김 대통령은 벤처 산업 육성의 든든한 후원자였다. 벤처 기업 육성은 국가 지식 기반 경제 성장을 견인하는 일이었다. 김 대통령은 창업 인프라를 구축해 누구나 쉽게 창업할 수 있도록 절차를 간소화했다. 창업 보육 센터를 만들고, 벤처 기업 밀집 지역 24개 곳을 벤처 기업 육성 촉진 지구로 지정했다. 벤처 기업 국제화를 위해 해외 마케팅 지원도 확대했다. 벤처업계 애로 사항이나 건의는 즉시 정책에 반영했다.

벤처업계는 이런 지원에 힘입어 실험실 창업 운동과 10만 웹마스트 양성 운동 등을 전개했다. 벤처 기업은 창조와 도전, 열정, 신뢰를 근간으로 하는 기업 문화를 창출하고, 젊은이들에게 꿈과 희망을 심어 주었다. 벤처업계는 벤처 게이트를 슬기롭게 극복한 이후 재도약하였다.

1995년 12월 1000억 원 매출 기업은 메디슨 1개에 불과했다. 정부의 적극적인 벤처 육성책에 힘입어 2006년 100개를 돌파했다. 이후 2010년 315개, 2014년 460개, 2021년 739개로 늘었다. 벤처 기업 중 비상장 기업으로 기업 가치가 1조 원 이상인 유니콘 기업도 나왔다. 지난 2014년 1개였던 유니콘 기업은 2022년 19개로 증가했다. 2022년 말, 전국 벤처 기업 수는 35,123개였다. 이들의 총 매출액은 22조 3000억 원에 달했다. 김대중 정부의 벤처 산업 육성 결과는 이처럼 창대했다.

Ⅳ

지식 정보 강국의 기반 구축

김준한

지식 정보 강국의 추진 의지와 방향

초고속 정보 통신망(초고속망) 구축

세계 1위의 초고속 인터넷 보급률 달성

국민 정보화 교육

교육 정보화

정보 격차 해소

안전한 정보 이용 환경과 건전한 정보 문화의 구현

제4장
지식 정보 강국의 기반 구축

김준한

지식 정보 강국의 추진 의지와 방향

김대중 대통령은 임기 내내 지식 정보 강국을 만들자고 끊임없이 국민에게 호소하였다. 취임식에서는 "세계에서 컴퓨터를 가장 잘 쓰는 나라가 되어야 한다."라고 역설하면서, 지식과 정보를 잘 활용하여 세계에 우뚝 서자는 국가 비전을 제시하였다. 그 이후로도 "컴퓨터를 가장 잘 쓰는 나라"라는 문구를 자주 사용하여, 이 말은 김 대통령의 국가 정보화에 대한 의지를 상징하는 표어가 되어 버렸다.

김 대통령은 그의 이런 비전을 지식 정보 강국, 지식 기반 경제, 네트워크 경제, 정보 사회 등으로 부르며, 이를 달성하기 위해 몇 가지 과제를 집중적으로 강조하였다. 이러한 사회 또는 경제를 만들기 위해 우선 '공급'할 기반 요소로서, 하드웨어는 컴퓨터('1인 1PC' 환경)와 통신망(초고속 정보 통신망, 이하 초고속망으로 줄여 쓴다), 소프트웨어는 전자 정부, 전자 상거래, 인터넷 서비스 등을 강조하였다.

김 대통령은 1999년 12월 3일, 금융 위기 약 2년 만에 IMF 체제 종식을 기념하는 국제 포럼에서 다음과 같이 개막 연설을 하였다.

> 우리는 '네트워크 경제'의 구축을 최우선으로 추구해 나갈 것입니다. 2002년까지 초고속망을 완성하고, '1인 1PC' 환경을 조성하면서 인터넷 이용자 수를 1000만 명 수준으로 확산시킬 계획입니다. 새천년에 맞는 전자 정부를 구현하고, 공공 부문의 전자 상거래를 조기에 추진하여 민간 부문으로의 확산을 촉진해 나갈 것입니다. 그리고 '차세대 인터넷' 개발을 적극적으로 추진할 것입니다. 이와 같은 '네트워크 경제' 구축을 실효성 있게 추진하여 10년 안에 10대 지식 정보 강국으로 발전시켜 나갈 것입니다.[53]

특히 초고속망과 초고속 인터넷에 대해서는 '브로드밴드'라는 생소한 용어로 설명하는 빌 게이츠 마이크로소프트 회장과 손정의 소프트뱅크 사장의 조언이 큰 영향을 끼쳤다. 브로드밴드는 초고속 인

53 국정홍보처(편), 『김대중대통령연설문집』 제2권(1999.2.1.~2000.1.31.), 대통령비서실, 2000, p.672.

터넷을 사용하기 위한 광대역 통신망을 일컫는다. 김 대통령은 정보통신부에 초고속망을 빠른 시일 안에 구축하는 방안을 검토하도록 지시했다.

한국의 초고속 인터넷의 역사는 이렇게 시작되었다. 초고속망은 정보화 사회로 가는 인프라였다. 김대중 정부는 경제 위기를 어느 정도 진정시킨 1999년부터 초고속망에 본격 투자했다. 남궁석 장관은 그해 1월 21일 향후 중점 과제로 초고속망 조기 구축, 인터넷 사용자 1000만 명 확보 등을 선정했다. 정보통신부는 이를 구체적으로 다듬어 '사이버 코리아 21' 계획을 만들어 추진했다.

김 대통령은 2001년 2월 9일 초고속망 기반 완성 기념식에서 초고속망을 '정보 고속 도로'라 칭하며, 경부 고속 도로와 비교하면서 지식 기반 경제의 가장 중요한 토대임을 강조하였다.

> 초고속망의 구축은 우리 국민이 지난 수년 동안 심혈을 기울여 지식 정보화를 추진해 온 노력의 결실입니다. 동시에 우리의 밝은 미래를 기약하는 출발점이기도 합니다. '경부고속도로'의 개통이 1970년대 산업화의 출발점이었듯이, 오늘 '정보고속도로'의 완공은 21세기 지식 정보 강국을 향한 역사적인 출발점입니다. …… 오늘 전국적 초고속망 기반 완성의 의미는 단순한 전국적 광케이블 선로의 완성만이 아닙니다. 정보화 시대에 국민과 정부를 잇고, 기업과 기업을 잇고, 이를 세계와 연결하는 21세기 지식 기반 경제의 가장 중요한 터전이 마련된 것입니다.[54]

54 국정홍보처(편), 『김대중대통령연설문집』 제4권(2001.2.1.~2002.1.31.), 대통령비서실, 2002, pp.60~61.

김 대통령은 초고속망이라는 정보 고속 도로 위를 달리는 자동차로서 전자 정부와 전자 상거래 사업을 적극 추진했지만, 이들 서비스뿐 아니라 사회 구성원들 간 의사소통까지 편리하게 수행하도록 도와줄 수 있는 도구로서 인터넷의 활성화도 강조하였다. 예를 들어 2000년 1월 3일 새천년 신년사에서는 "인터넷을 통한 상거래와 교육이 일상화되어야 합니다. 인터넷을 전화처럼 쉽게 이용할 수 있는 환경을 조성해 나가겠습니다."라고 의지를 다졌다.

정보 사회 또는 지식 기반 경제의 비전은 '공급'만으로는 달성될 수 없고, 위 연설문에서 강조한 '1000만 명의 인터넷 이용자' 같은, 지식과 정보를 사용하려는 '수요'가 있어야 비로소 정보 사회와 지식 기반 경제가 작동하게 된다. 김 대통령은 2000년 1월 3일 새천년 신년사에서 '수요' 요인으로 정보화 교육의 중요성을 강조하였다.

> 모든 교사와 전 교실에 컴퓨터 한 대씩을 무상으로 보급하겠습니다. 그리고 저소득층 학생 모두에게 컴퓨터 교육 비용을 모두 지원하고, 우수 학생에게는 개인용 컴퓨터를 국비로 지급하겠습니다. 이들 모두의 인터넷 사용료도 5년 동안 전액 면제하겠습니다.
>
> 정보 생활화 운동을 적극 전개하여 컴퓨터를 이용한 가계부 정리를 촉진하겠습니다. 전군의 컴퓨터 이용 능력을 높이고 모든 장병이 컴퓨터를 조작할 수 있도록 교육하겠습니다. 도시와 농촌을 막론하고 모든 국민들이 정보화 교육을 받을 수 있는 기회를 확대해 나가겠습니다. 전 국민을 대상으로 한 교육의 혁명적 개혁 없이는 지식 기반 사회를 만들어 낼 수

> 없습니다. 지식 기반 사회 없이는 우리에게 밝은 미래는 없습니다.[55]

김 대통령은 또 다른 '수요' 요인으로서 교육 정보화를 강조하였다. 그는 자서전에서 "국민의 정부에서 교육 분야 정책은 세 가지 목표가 있었다. 교육의 민주화, 정보화 교육, 교육 복지가 그것이었다." 라고 서술하였다. 또한 교육 정보화 사업을 역점을 두고 추진한 사업이라고 자신 있게 설명하고 있다.

> 교육 정보화 사업은 내가 가장 역점을 두고 추진했던 정책이었다. 정부는 모든 학교와 교실을 인터넷으로 연결했다. 교육 정보화 사업은 핀란드에서 가장 먼저 시작했지만 우리나라가 가장 먼저 완성했다. 나는 취임사에서 '세계에서 컴퓨터를 가장 잘 쓰는 국민'이 되기 위해서는 교육 현장의 정보화가 이뤄져야 한다고 역설했다. 모든 학교의 교실에 인터넷이 깔리고, 모든 초·중등 교원에게 PC가 지급된 것은 싱가포르를 제외하면 우리나라가 처음이었다. 나는 2001년 4월 전국 모든 학교의 인터넷 개통 기념식에 참석하여 교육 정보화 발전 방향에 대해 이렇게 말했다. "정보 통신망과 정보 기술을 활용한 새로운 교육 방법과 제도를 도입하여 공교육 내용을 보완해 나가야 합니다." 그 이후 학교 수업 형태가 크게 달라졌다. 인터넷을 활용한 수업이 일반화되었다. 학교에 가지 않고 인터넷 수업을 받는 사이버 대학이 비 온 뒤 죽순처럼 생겨났다.[56]

---

55 국정홍보처(편),『김대중대통령연설문집』제2권(1999.2.1.~2000.1.31.), 대통령비서실, 2000, p.726.

56 김대중,『김대중 자서전 2』, 삼인, 2010, pp.407~408.

김 대통령이 정보 사회 또는 지식 기반 경제의 달성을 위해 공급과 수요 요인 이외에 강조한 것은 정보 격차의 해소와 안전하고 건전한 정보 문화의 정착이었다.

김 대통령의 정보화 관련 연설문에 거의 언제나 빠지지 않고 등장하는 주제는 정보 격차 문제의 해결이었다. 우리는 그가 정보화 시대의 빈부 격차는 정보 격차에서 기인하기 때문에 이를 해소하는 것이 무엇보다도 중요하다는 문제의식을 매우 강하게 갖고 있었던 것을 짐작할 수 있다. 자연스럽게 그는 매년 초, 각 부처의 업무 보고에서도 소관 업무 관련 정보 격차 문제의 해결을 당부하였다. 정보통신부에는 소외 지역의 초고속망 구축과 소외 계층의 정보화 교육을, 교육부에는 저소득층 학생들에게 정보화 기기와 교육 기회 제공을, 행정자치부에는 낙후 지역의 정보 접근성 제고와 정보화 교육을 당부하였다.

김 대통령의 정보 격차에 대한 생각은 2000년 11월 13일 열린 TV 대담 프로그램에서 서민 가계의 어려움에 대한 다음의 답변에 잘 표현되어 있다.

> 원래 경제가 어려우면 가장 먼저 서민과 중산층이 어려워지고 더구나 정보화 시대에 있어서는 잘못하면 부가 편중되기 때문에 더 그렇습니다. …… 가장 중요한 것은 정보화 시대에 정보화 교육을 받지 못하면 결국 가난이 대물림된다는 사실입니다. 그것을 막기 위해서 정부가 노력하고 있습니다.
>
> 예를 들면 초·중·고 학생 50만 명에 대한 정보화 교육입니다. 5만 명의 우수한 학생들에 한해서는 컴퓨터를 무료로 지원합니다. 주부 200만 명

> 에 대해서도 정보화 교육을 시키고 있습니다. 60만 명이 넘는 군 장병이 정보화 교육을 받아 제대할 때에는 2급 정보검색사 자격을 받습니다. 정보화 교육은 농촌에서도 이루어져 농산물의 전자 상거래가 시작되고 있습니다. 교도소 재소자들에게까지 정보화 교육을 시키고 있습니다.[57]

김 대통령의 정보 격차 해소에 대한 관심은 국내에만 머물지 않고 국제적으로도 임기 내내 이어졌다. 김 대통령은 2000년 10월 열린 제3차 ASEM 정상 회의에서 의장 자격으로 행한 개회식 연설에서도 정보 격차 문제를 제기하였다. 서울에서 열린 이 회의에는 아시아·유럽의 26개국 정상들이 참석했으며, 국내에서 개최한 최대 규모의 정상 회의였다.

> 우리는 지금 이미 정보 혁명의 시대, 지식 산업 사회를 살고 있습니다. 그러나 여기에는 그늘진 곳도 있습니다. 이른바 정보 격차 현상이 지구촌의 균형 발전에 새로운 장애 요인으로 대두되고 있습니다. 이제 정보 격차 문제는 아시아와 유럽이 함께 해소해 나가야 할 필수적 정책 과제로 떠오르고 있습니다.[58]

곧이어 2000년 11월 브루나이에서 열린 APEC 정상 회의에서도 "정상선언문에는 내가 국내외적으로 강조해 온 정보 격차 해소, 금

---

57 정진백(편), 『김대중 대화록 3: 1994-2002』, 행동하는 양심, 2018, pp.558~559.

58 국정홍보처(편), 『김대중대통령연설문집』 제3권(2000.2.1.~2001.1.31.), 대통령비서실, 2001, p.519.

융 위기 방지와 국제 금융 체제 강화, 시장 원리에 입각한 개혁이라는 3대 과제가 그 골격을 이루었다."라고 자서전에서 회고할 정도로 정보 격차에 대한 관심이 남달랐다.[59]

정보 격차 이외에도 정보화가 초래할 수 있는 다른 역기능들을 최소화할 수 있도록 안전한 정보 이용 환경을 만드는 것이 중요하다. 이에 김 대통령은 2001년 2월 9일 초고속망 기반 완성 기념식 연설에서 정부가 이를 만들어 가겠다고 다음과 같이 약속했다.

> 국민 모두가 안심하고 즐겁게 초고속 정보 통신을 이용할 수 있는 환경을 만들어 가야 하겠습니다. 우리는 초고속 정보 통신 시대를 살면서 편리함과 동시에 지금까지 경험해 보지 못한 새로운 문제점들을 접하고 있습니다. 해킹, 사이버 테러, 음란·자살 사이트 등 반사회적·반인륜적 사이트의 등장, 개인 정보 유출 등이 바로 그것입니다. 정부는 국민이 안심하고 초고속 정보 통신을 이용할 수 있도록 정보 보호 환경을 구축하겠습니다.[60]

김대중 대통령은 1998년 4월 17일, 취임 후 첫 번째 정보통신부 업무 보고에서 "정보화가 성공하기 위해서는 국민의 정보화 마인드가 중요하다. 대통령의 의지와 국민들의 정보화 마인드 확산을 통한 국민의 참여가 합해져야 정보화가 성공할 수 있다."[61]라고 정보화 마인

59 김대중, 『김대중 자서전 2』, 삼인, 2010, p.373.

60 국정홍보처(편), 『김대중대통령연설문집』 제4권(2001.2.1.~2002.1.31.), 대통령비서실, 2002, p.63.

61 대통령비서실 문서번호 정책 12000-21(제목: 대통령 지시사항 송부) <시행일자: 1998. 4. 24.>.

드의 중요성을 강조하였다.

아울러 공직자들의 긍정적인 태도 변화도 요구하였다. 2001년 12월 24일 열린 전자 정부 구현 종합 점검 회의에서는 “문제는 공무원들이 과거와 다른 생각을 가져야 한다는 점이다. 구태의연하게 할 것인가 의식을 바꿀 것인가에 따라 성패가 결정될 것이며, 특히 장차관들이 의지와 소명 의식을 가지고 필요성을 교육하고 토론하는 등의 노력을 해 가야 할 것이다.”[62]라고 말했다.

김대중 대통령은 국무위원들에게도 여러 번에 걸쳐 직접적으로 정보화 마인드를 강조한 것으로 유명하다. 어느 국무회의에서는 “나 같이 늙은 사람도 어떻게 해 보려고 노력하고 있습니다. 그런데 여러분은 왜 하지 않습니까? 빛의 속도로 세상이 바뀌는 것을 알면서도 왜 그리 주저하고 있습니까?”라고 질책하기도 하였다.[63] 김 대통령은 자서전에서 본인은 컴퓨터를 잘 다루지 못한다고 고백하였다. 몇 번이나 배우려고 해 보았지만 새로운 기계에 적응하는 데 많은 시간이 걸려 마우스나 만지작거리는 수준이라고 술회하였다.

그러나 2002년 2월 2일 국무위원들에게 ‘이메일 지시 서한 1호’를 보낸 후 다양한 답신을 받고 참으로 신기하고 흐뭇했으며 반드시 전자 왕국을 건설해야겠다고 새삼 다짐하였다는 대목은 많은 시사점을 제공한다.[64] 이러한 대통령의 관심은 부처(장관)들의 주의를 환기

62 전자정부특별위원회백서편집위원회(편), 『전자정부백서』, 전자정부특별위원회, 2023, p324.

63 김택근, 『새벽: 김대중 평전』, 사계절, 2012, p.307.

64 김대중, 『김대중 자서전 2』, 삼인, 2010, p.235.

시키고 정보화와 관련된 각종 노력으로 이어지게 되며, 긍정적인 정보문화 정립에 기여했다. 당시 공무원들 사이에서 정보화 교육에 대한 관심과 열정이 대폭 증가하는 효과를 가져오게 된 것이다.

한편 김 대통령은 2001년 4월 20일 전국 초·중등학교 정보 인프라 구축 및 인터넷 연결 기념식 연설에서는 "이와 함께 지식 기반 사회를 살아가는 데 필요한 정보 윤리 교육도 강화해야 합니다. 자살·음란 사이트의 등장 등 정보화의 역기능으로부터 어린이와 청소년들을 보호해야 하겠습니다."[65]라고 하여 건전한 정보문화 구현을 위한 노력의 필요성도 강조하였다.

이상의 논의를 종합하면, 김 대통령이 정보 사회의 기반을 다지기 위해 중요하게 추진한 정책은 제1, 2, 3장에서 다룬 추진 체제(거버넌스)의 정립과 계획 수립, 전자 정부 및 전자 상거래, 디지털 경제 분야를 제외하면 다음 여섯 가지로 정리된다.

① 초고속망의 구축(공급: 하드웨어)

② 초고속 인터넷 활성화(공급: 소프트웨어)

③ 국민 정보화 교육(수요)

④ 교육 정보화(수요)

⑤ 정보 격차의 해소

⑥ 안전한 정보 이용 환경과 건전한 정보 문화 구현

65 국정홍보처(편), 『김대중대통령연설문집』 제4권(2001.2.1.~2002.1.31.), 대통령비서실, 2002, p.208.

김 대통령의 정보 사회를 향한 의지는 제1차 정보화촉진기본계획(1996~2000)의 계획 기간을 2년이나 남겨두고, 1999년 3월에 발표한 2차 정보화촉진기본계획인 사이버 코리아 21 계획에 잘 담겨 있다. 위의 여섯 가지 정책들을 사이버 코리아 21의 중점 추진 과제들과 대비하면 <표 4-1>과 같다.

<표 4-1> <사이버 코리아 21>의 중점 과제와 정보 사회 기반 정책(①~⑥)

목표	중점 추진 과제		정책
1. 창조적 지식 기반 국가 건설 위한 정보 인프라 구축	1.1 정보 통신망의 고속화, 고도화	1.1.1 초고속 정보 통신 기반의 효과적 구축	①
		1.1.2 통신 시장 경쟁 활성화, 공정 경쟁 여건 조성	①
		1.1.3 초고속망 조기 구축을 위한 제도적 지원	①
		1.1.4 선도 시험망 고도화, 차세대 인터넷 개발	①
	1.2 운영 시스템의 글로벌화 추진	1.2.1 인터넷 시대 적합한 개방 표준 개발·보급	②
		1.2.2 인터넷 이용 환경 개선	②
		1.2.3 국가 지식 정보 자원의 DB 구축·활용	②
		1.2.4 컴퓨터 Y2K 문제 해결 지원	
	1.3 세계에서 컴퓨터를 가장 잘 쓰는 나라 구현	1.3.1 전국민 대상 정보화 교육 실시	③
		1.3.2 컴퓨터 소양 인증 제도 도입	③
		1.3.3 1인 1PC 환경 구현	②
		1.3.4 인터넷 플라자 육성	②
		1.3.5 정보화 과정에서의 정보 격차 해소	⑤

목표	중점 추진 과제		정책
1. 창조적 지식 기반 국가 건설 위한 정보 인프라 구축	1.4 지식 기반 사회로 전환에 맞는 법·제도와 환경 정비	1.4.1 전자 상거래를 위한 법·제도 정비	
		1.4.2 지식 정보 기반 산업 촉진 위한 제도 보완	
		1.4.3 공공 행정 절차와 방식의 개선	
		1.4.4 창의적 인력 양성을 위한 교육 개혁	④
		1.4.5 정보화 책임관(CIO) 제도 활성화	
	1.5 안전한 정보 이용 체계와 건전한 정보 문화 구현	1.5.1 정보 시스템 안전·신뢰성 확보	⑥
		1.5.2 정보 보호 기술 개발과 산업 육성	⑥
		1.5.3 암호 이용 활성화	⑥
		1.5.4 전자 서명 인증 제도 정책	⑥
		1.5.5 정보 통신 윤리 확립, 불건전 정보 유통 억제	⑥
		1.5.6 개인 정보 보호 제도 확립	⑥
2. 지식정보 기반을 활용한 국가전반의 생산성 향상	2.1 작고 효율적인 전자정부 구현	2.1.1 정부 생산성 향상을 위한 행정 업무 정보화	
		2.1.2 민원 행정 서비스의 획기적 개선	
		2.1.3 입법·사법 정보화 추진	
		2.1.4 환경과 재해 정보 관리 체제 구축	
		2.1.5 복지 행정 서비스 고도화	
	2.2 지식 경영 체제로 산업 생산성 향상	2.2.1 기업 정보화 지원	
		2.2.2 산업 기반 강화를 위한 정보화	
		2.2.3 사회 간접 자본의 효율성 제고 위한 정보화	
	2.3 신지식인 운동	2.3.1 범국민적 신지식인 운동 전개	
		2.3.2 신지식인 양성을 위한 교육 기반 조성	④
3. 정보 인프라를 활용한 새 일자리 창출	3.1 인터넷 기반 신산업 육성	3.1.1 전자 상거래 활성화	
		3.1.2 정보 제공 사업(IP)과 정보 유통 사업(ISP) 육성	②
		3.1.3 S/W 산업 활성화	
		3.1.4 정보 통신 벤처 기업 활성화	
		3.1.5 문화 산업 육성	
	3.2 정보 통신 산업 활성화	3.2.1 정보 통신 연구 개발과 인력 양성	
		3.2.2 정보 통신 기기 산업 육성과 해외 진출 강화	

출처: 정보통신부, 『Cyber Korea 21: 창조적 지식 기반 국가 건설을 위한 정보화 Vision, 1999. 3.』, pp.90~93을 활용하여 재작성.

초고속 정보 통신망(초고속망) 구축

1980년대 이후 정보 통신 기술은 급속도로 발전하고 있었고, 각국 정부와 기업들은 IT 투자에 열을 올리고 있었다. 우리나라에서도 '산업화는 늦었지만, 정보화는 앞서 가자'는 구호가 많은 공감을 얻고 있었다. 디지털 이동 통신 개발 사업(1991~1995)과 국가 기간 전산망 사업도 활발하게 진행되었다.

1990년대 초까지 우리나라의 아날로그 이동 전화는 전적으로 해외 기술과 장비에 의존하였다. 그러나 산·학·연 컨소시엄의 디지털 이동 통신 개발 사업을 통해 CDMA(Code Division Multiple Access: 코드 분할 다중 접속) 시스템과 단말기 상용 기술을 개발함으로써 우리나라의 이동 통신 산업을 대표적인 수출 산업으로 키우게 되었다.

한편 미국은 1992년 대통령 선거에서 클린턴-고어 민주당 후보가 정보 고속 도로(Information Superhighway)를 공약하며 당선되었고, 당선 후에는 NII(National Information Infrastructure; 국가 정보 기반 시설)를 구축하겠다는 계획을 발표하였다. 그 이후 일본, 영국 등 서방 선진 국가들도 경쟁적으로 초고속 정보 통신망 구축 계획을 발표하였다.

우리나라에서 본격적인 국가 정보화 노력은 1983년 수립된 국가기간전산망계획에 근거한 제1차, 제2차 국가 기간 전산망 사업(1987~1996)에서 시작되었다. 이 사업의 핵심 교훈은 각 기관별 업무의 단순한 전산화로는 효과를 거두기 어려우며, 여러 기관에 분산된 정보들을 연계하는 통신망이 필요하다는 점이었다. 즉 정보 통신망을 통해 정보를 생산·처리·가공·유통·관리하는 기관들이 정보를 공유하여 공동 활용하고, 이 기관들과 국민에게 서비스를 제공하는 기관들이 연계되어야 정보화의 효과가 나타난다는 점을 실감하게 된 것이다. 정보를 연계 및 공동 활용하기 위해서는 기관 간, 부문 간 고성능 통신망이 필요한 것은 당연한 이치이다.

이처럼 정보 통신망의 필요성에 대해 심각하게 느껴 오고 있던 한국 정부도 미국 정부의 NII 계획에 자극을 받아 1993년부터 초고속망 구축에 대한 논의를 시작하였다. 그 결실로 1994년 5월에는 초고속정보화추진위원회(위원장: 국무총리, 부위원장: 재정경제원 장관) 및 실무위원회(위원장: 재정경제원 차관)와 기획단을 구성하고, 1995년 3월 '초고속정보통신기반구축종합추진계획'을 수립하였다.

이 계획의 사업은 크게 초고속망 사업과 활용 기반 사업으로 나눌 수 있다. 후자는 공공 응용 서비스 개발, 기술 개발, 시범 사업, 여건 정비 사업으로 구성되어 있었다. 공공 응용 서비스 개발 사업은 초고속망의 조기 정착과 이용 촉진을 도모하기 위하여 공공 서비스의 업무 절차나 정보 제공 체계를 전산화하는 데 필요한 각종 소프트웨어를 개발하는 사업이다. 기술 개발은 초고속망과 관련된 정보 응용·유통·전송 기술 및 공통 기반 기술들의 개발 및 표준화와 관련된 사업이다. 시범 사업은 초고속망의 수요 창출에 필요한 제반 사항의 적용·시험·검증 등을 선도적으로 추진하려는 사업이다. 여건 정비 사업은 전문 인력 양성, 법제도 개선, 인식 제고 등을 위한 사업이다.

이 계획의 핵심인 초고속망 사업은 다시 초고속 국가망, 초고속 공중망, 초고속 선도 시험망 사업으로 나뉜다. 초고속 국가망은 국가, 지방 자치 단체, 교육 기관, 연구 기관, 도서관, 박물관 등 공공 기관들이 저렴한 요금으로 초고속 서비스를 이용할 수 있도록 공공 재원을 투자하여 구축하려는 기간망이다.

초고속 공중망은 가정과 직장에서 개인들이 초고속 서비스를 누구나 이용할 수 있도록 민간 사업자가 투자하여 구축하는 정보 통신망이다. 초고속 국가망 사업을 통해 구축된 기간 전산망을 기반으로 시내 전송망과 가입자망을 확대·구축하여 대부분의 최종 사용자들이 위치하는 모든 사무실과 가정을 연결하는 정보 통신망이다.

초고속 선도 시험망은 아직 기술 수준이 높지 않고 기술 개발 환경과 시설이 열악한 우리나라 실정을 감안해, 새로운 초고속 정보 통신 기술의 타당성과 적합성을 사전 검증하고, 고도 통신 서비스를 사전 시험하는 데 있어 민간의 부담을 덜어 주기 위해 국가가 선도적으로 추진하는 사업으로, 기존 통신망 고도화와 국제 통신망 확충을 포함하였다.

초고속망 구축 계획은 3단계로 수립되었다. 1단계(통신망 기반 구축 단계)는 기간은 1995~1997년이고, 전국 80개 지역에 광전송망을 구축하고, ATM 시범 교환망을 구축하는 단계이다. ATM(asynchronous transfer mode: 비동기식 교환 방식)은 멀티미디어 데이터의 초고속 교환에 가장 적절한 방식이었다. 우리나라는 1992년부터 ATM 교환기를 개발하여 초고속 국가망의 시범 교환망으로 사용하고, 2000년 7월 전국 ATM 상용망을 개통하였다. 초고속망 서비스의 핵심 장비의 하나인 ATM 교환망의 국산화는 우리나라 초고속 인터넷의 조기 확산에 크게 기여하였다.

제2단계(통신망 완성 단계, 1998~2002)는 ATM 상용망을 구축하고, 전국 모든 통화권역(144개 지역)에 광전송망을 구축하는 것이다. 3단계(통신망 고도화 단계, 2003~2015)에서는 전국적 광전송망 및 초고속 교환망을 구축하여 언제 어디서나 다양한 멀티미디어 초고속 정보 통신 서비스를 제공받을 수 있는 환경을 구축하도록 계획하였다.

단계별, 사업별 총 소요 예산은 <표 4-2>와 같다. 1단계에서는 초고속 국가망, 초고속 선도 시험망 사업을 시범 사업과 함께 우선 시작하고, 2단계로 넘어가면서 공공 응용 서비스 개발을 통해 수요를 촉진하면서 초고속 공중망 사업을 본격적으로 시작한다. 투자는 3단계에서 집중적으로 이루어지게 하였으며, 기술 개발은 세 단계에 걸쳐 꾸준히 투자하는 것으로 계획하였다. 초고속 국가망과 초고속 선도 시험망은 정부, 초고속 공중망은 민간이 투자하며, 공공 응용 서비스 개발은 정부, 시범 사업과 기술 개발은 정부와 민간이 함께 투자하는 것으로 계획하였다.

<표 4-2> 초고속 기반 구축 계획의 사업별·단계별 예산액(단위: 억 원)

구분	1단계 (1995~1997)	2단계 (1998~2002)	3단계 (2003~2015)	합계	정부	민간
초고속 국가망	2,381	2,402	3,331	8,114	8,114	-
초고속 공중망	5,667	37,989	376,838	420,504	-	420,504

구분	1단계 (1995~1997)	2단계 (1998~2002)	3단계 (2003~2015)	합계	정부	민간
초고속 선도 시험망	140	178	292	610	610	-
공공 응용 서비스 개발	520	1,480	1,680	3,680	3,680	-
기술 개발	5,451	4,280	6,432	16,163	4,732	11,431
시범 사업	1,555	1,637	-	3,192	942	2,250
여건 정비	48	55	77	180	180	-
합계	15,772	48,021	388,650	452,443	18,258	434,185

출처: 한국전산원, 『1995 국가정보화백서』, 한국전산원, 1995, p.393.

1단계 사업들이 순조롭게 마무리되어 가던 1990년대 중후반 이후 전 세계적으로는 인터넷이 폭발적으로 확산하기 시작했다. 이에 대응하여 1997년 9월 기반 구축 계획의 목표 연도를 5년 앞당겨 2010년으로 하는 '정보 통신망 고도화 추진 계획'을 수립하였다. 그리고 이 계획은 김대중 정부 출범 이후 1998년 5월 '초고속 정보 통신 기반 2단계 사업 추진 계획'으로 수정·발표되었다. 이 수정 계획에는 정보 통신 기술의 급속한 발전과 인터넷 이용자의 폭발적 증가에 선제적으로 대처하기 위해서는 초고속망을 조기에 구축해야 한다는 판단을 반영하여 목표 연도를 더 단축하기로 하였다.

완성 단계인 제2단계는 1998~2000년으로, 고도화 단계인 제3단계는 2001~2005년으로 계획 기간을 변경하였다. 그에 따라 재원 투자 계획도 앞당겨, 원래 초고속 국가망에 2015년까지 8114억 원을 투자하려던 계획이 2005년까지 8557억 원으로 변경되었다. 목표 연도는 10년을 앞당기고, 예산 투입은 늘리는 적극적인 태도를 견지하였다.

초고속 공중망 투자는 2002년까지 약 3.8조, 2015년까지 약 42조이던 것을 2005년까지 약 27조 원으로 축소 변경하였다. 폭발적으로 증가하고 있는 인터넷 수요에 선제적으로 대응하며, 급속하게 발전하는 xDSL 기술 등을 활용하여 다양한 가입자망 구축 방식을 도입함으로써 구축 기간을 단축하고, 소요 재원을 절감하는 계획을 수립할 수 있었다.

이와 같이 김대중 정부는 대통령의 강력한 의지를 등에 업고 초고속망 구축을 위한 투자에 공격적으로 앞장서는 한편, 기술 발전과 수요 특성을 감안한 전략적 선택에 성공함으로써 후술하는 바와 같이 우리나라를 '초고속 인터넷 1등 국가'로 만드는 데 큰 기여를 했다고 평가된다.

초고속망의 1, 2단계 구축 사업이 종료된 2000년 12월, 당초 계획보다 2년 먼저 초고속 통신 기반이 완성되었음을 선포하게 되었다. 우선 초고속 국가망은 전국의 144개 모든 통화권역에 고속·대용량의 광케이블과 전송 장비로 구성된 기간 전송망을 구축하였다. 대도시 간은 2.5~5Gbps, 중소도시 간은 155~622Mbps급으로 전송망을 확충하여 서비스 품질을 높일 수 있었다. ATM 교환기는 1년 6개월의 시범 서비스를 거쳐 1999년 12월부터 상용 서비스를 제공하기 시작하였고, 중계용 31대와 가입자 접속용 241대를 합해서 272대를 설치하여 전국적인 초고속 데이터 서비스의 기반을 완성하였다. 급증하는 공공 기관의 인터넷 서비스 수요를 충족시키기 위해서 5대 도시의 인터넷 백본망을 고도화하고, 접속 노드의 용량을 증설하였다.

전국의 모든 초·중·고등학교에 256kbps급의 초고속 인터넷 서비스를 무료로 제공하고, 그 이상의 서비스는 저가에 공급하도록 하였다.

초고속 공중망은 통신 사업자들이 자체 계획에 따라 민간 부문에서 초고속 서비스를 이용할 수 있도록 시내외 기간 전송망과 가입자망을 구축하는 사업이므로, 사업자들의 수요에 대한 판단과 정부의 정책적 영향력이 사업 추진 속도에 큰 영향을 끼치게 된다. 우리나라 통신 사업자들이 초고속 공중망 확충에 적극적으로 투자를 하기 시작한 것은 1999년 이후부터다(<표 4-3>). 그 배경은 1997년 이후 우리나라에서 폭발적으로 증가한 인터넷 수요에 대한 대응과 정부의 적극적인 유인 정책이었다.

시외 기간 전송망은 대도시 간 40Gbps급, 대도시와 거점 도시 간은 2.5Gbps급, 거점 도시와 소도시 간은 622Mbps급으로 구축하였으며, 시내 국간 전송망은 10Gbps~622Mbps급으로 구축하였다. 가입자망은 구간의 사용량과 수요 증가에 대비해서 광간선망을 우선 구축하였다.

기업, 대학, 연구소 등에는 전용 회선 수요에 대비하여 광가입자망(FTTO: Fiber To The Office)을 구축하여 6층 이상 건물의 60% 이상을 광케이블로 직접 연결하였다. 아파트 단지 등 공동 주택은 구내 통신실까지 광가입자망(FTTC: Fiber To The Curb)을 구축하여 이를 공동 주택 내부의 일반 구리 전화선으로 연결된 xDSL 시스템이나 이더넷(Ethernet) 시스템 등과 연결하여 초고속 인터넷 서비스를 제공하도록 하였다.

정부는 인터넷 수요 급증에 대응하기 위하여 기존 가입자망을 활용하여 Mbps급의 ADSL 서비스를 주력으로 대중화하였다. 당시 주로 사용하던 전화선 모뎀의 전송 속도는 최대 56Kbps였으나, ADSL은 최대 8Mbps로서 약 140배 빠른 속도로 데이터 통신을 할 수 있었다. 예컨대, 3분짜리 음악 한 곡은 MP3 형식으로 3~4MB 파일이 된다. 이것을 데이터 통신으로 내려받는 데 기존 전화선 모뎀은 10~15분 정도가 걸리고, ADSL은 10초밖에 걸리지 않았다. 엄청난 시간 단축이었다.

동시에 기존 종합 유선 방송망, 중계 유선 방송망, 무선 가입자망, 위성 등을 활용하여 수요와 지역적 여건에 적합한 다양한 초고속 가입자망을 구축하였다.

<표 4-3> 초고속 공중망의 확산

구분	1997	1998	1999	2000	2001	2002
초고속 기간망 연결 지역(개)	80	94	107	144	144	144
초고속 인터넷 가입 가구(만)	-	1.4	37.4	401	781	1,040

출처: 정보통신부, 『한국의 정보화전략』, 정보통신부, 2003, p.123.

초고속 선도 시험망은 그 취지가 초고속 정보 통신 기술의 타당성과 적합성을 사전에 검증하고, 고도 통신 서비스를 미리 시험하기 위한 망이다. 2000년까지 서울 등 5대 도시에 최대 2.5Gbps급의 망을 구축하여 상용 인터넷에서 제공하지 않는 차세대 인터넷 등의 네트워크 서비스를 제공하고 있으며, 국내외 연구망과의 연동을 통한 연구 기반을 지속적으로 확대하였다. 초기에는 주로 ATM 위주로 관련 네트워킹 기술과 응용 기술을 개발하여 검증하였으며, 2단계 사업 추진 시에는 전 세계적인 인터넷 기반 연구의 활성화에 대비하여 IP 기반의 차세대 인터넷 기술 연구 중심으로 사업을 전환하였다.

초고속 기반 구축 사업은 말 그대로 정보 사회의 인프라를 제공하는 사업이므로, 그 영향은 모든 분야에 미친다. 우선 초고속망은 우리 생활에 상당한 변화를 가져다 주었다. 사업 전후 우리 생활에서의 정보 이용 변화를 비교한 내용이 <표 4-4>에 제시되어 있다.

<표 4-4> 초고속망 구축에 따른 정보 이용의 변화

구분	구축 전(1990년대)	구축 후(2000년대 초)
A4 사진(7.5 MB)	781초(9,600bps)	3.75초(2Mbps)
자료 검색	방문+신청+검색	즉시
전자 우편	문자	문자+사진+동영상
주민 등록증 발급	방문+신청+대기+발급 (동사무소)	즉시 (가까운 동사무소)
여권 발급	2~4일 (외무부 여권 관리과)	2시간 이내(시·구청)
영화(120GB)	12,500,000초 (9,600bps, 압축 안 됨.)	30초 (20Mbps, 1/200로 압축)
음악	Tape, CD 이용	뮤직 비디오, MP3 이용
자동차 등록	6시간 이상	1시간 이내
선거 개표 및 집계	3~4일	1일 이내

출처: 정보통신부·한국전산원, 『한국의 초고속정보통신망 발전사』, 정보통신부·한국전산원, 2003, p.30.

이외에도 초고속망은 전자 상거래, 정보 통신, 디지털 콘텐츠 등 신산업을 급속히 팽창시켰다. 금융 산업에는 인터넷 뱅킹과 디지털 트레이딩을 확산시켜 새로운 패러다임을 초래하였다. 기존 산업들에도 전자 상거래, 웹 기반 ERP(전사적 관리) 및 CRM(고객 관계 관리) 등의 도입을 촉진하여 효율성을 향상시켰다. 사회적으로도 온라인 커뮤니티의 활성화, 사이버 정치의 등장, 온라인 게임과 온라인 방송의 등장, 홈 네트워킹 확산 등 주거 환경 개선, 온라인 교육 활성화와 교육비 절감 등의 성과를 가져왔다.[66] 초고속망의 성과에 대한 평가는 <참고 기사 4-1>에서도 살펴볼 수 있다.

<참고 기사 4-1> 초고속망이 행정·산업 바꾼다

보급률 세계 1위인 초고속 정보 통신망의 사회적인 성과는 어느 정도일까

지난 1일 열린 `코리아 브로드밴드 워크숍 2002'에서 발표자로 나선 허정회 한국전산원 국가망기획부장은 "초고속 정보 통신망의 성과를 분석한 결과 정부·산업·개인 등 다양한 분야에 큰 영향을 미치고 있는 것으로 나타났다."고 밝혔다.

◈ 정부 부문=10월 현재 2만 8,967개의 기관이 3만 2,418회선의 초고속망을 이용하고 있다. 초고속망에 기반한 공공 부문 정보화로 정부 효율성은 1998년 42위에서 올해 들어 25위로, 국가 경쟁력은 4년 만에 36위에서 27위로 각각 상승했다. 또 신속한 민원 처리, 민원 처리 과정 공개 등 대민 서비스로 행정 만족도가 향상됐으며, 농어촌 초고속망 구축, 정보화 교육 등 정보 격차 해소 사업으로 정보 소외 계층의 인터넷 이용률이 크게 높아졌다.

◈ 산업 부문=금융 산업의 경우 네트워크 구축률이 2001년 말 현재 80%에 이르고, 온라인 뱅킹 이용자는 2000년 681만 명에서 2001년 1793만 명으로 늘었다. 기업 대상 설문 조사 결과 초고속망이 기업 내부 프로세스에 미친 효과는 3.59점(5점 만점), 매출 및 수익 증가 등 재무 부문의 효과는 3.28점인 것으로 나타났다.

66 정보통신부·한국전산원, 『한국의 초고속정보통신망 발전사』, 정보통신부·한국전산원, 2003, pp.160~177.

또 정보 통신 기기, 정보 통신 서비스 등 초고속망 관련 관련 산업도 매년 20% 이상의 높은 증가율을 보였다.

◈ 개인 부문=초고속망이 개인의 시·공간 제약을 해결해 생활 양식이 크게 개선됐다. 인터넷 이용자가 1998년 310만 명에서 2001년 2430만 명으로 늘었으며, 2001년 현재 가정의 월 평균 인터넷 활용 시간은 16.2시간으로 미국(9.6시간), 독일(8.2시간), 일본(7.6시간)보다 앞서는 것으로 나타났다. 또 사이버 대학 급증, 온라인 강의 활성화뿐 아니라 인터넷을 이용한 소호(SOHO) 산업도 활성화된 것으로 조사됐다.

한국전산원은 현재 수행 중인 초고속 정보 통신망 사업성과 분석 과제의 최종 결과를 내년 2월 발표할 예정이다

(디지털타임스, 2002.11.04.)

정부에서 추정한 초고속망 사업의 직접 효과와 파급 효과는 <표 4-5>와 같다. 사업 투자비가 약 27조 원인 것을 감안하면, 투자 대비 효과가 상당히 큰 사업이었다고 할 수 있다.

<표 4-5> 초고속망 사업의 직접 효과 및 파급 효과

기대 효과	세부 내용	1995~2002	2003~2005 (전망)	계
직접 효과	신규 서비스 시장 창출	16.6조 원	21.4조 원	38.0조 원
	해외 장비 수출	0.8조 원	2.0조 원	2.8조 원
	정부 예산 절감	0.3조 원	0.7조 원	1.0조 원
	계	17.7조 원	24.1조 원	41.8조 원
파급 효과	생산 유발	22조 원	13조 원	35조 원
	부가 가치 유발	16조 원	9조 원	25조 원
	고용 유발	23만 명	13만 명	36만 명
	GDP 증대	약 0.45%	약 0.53%	약 0.47%

출처: 정보통신부·한국전산원, 『한국의 초고속정보통신망 발전사』, 정보통신부·한국전산원, 2003, pp.161~162.

세계 1위의 초고속 인터넷 보급률 달성

초고속 통신망은 흔히 정보 고속 도로(ISH)로 불린다. 우리나라에서 처음 초고속망 사업을 계획할 때 "달릴 차도 없는데 고속도로를 만드는 것은 시기상조"라는 반대가 적지 않았다는 것은 잘 알려져 있다.

2장에서 다룬 전자 정부(G4C, G2B)와 전자 상거래(B2B, B2C 등) 서비스가 중요한 것은, 이들이 공공 부문과 민간 부문에서 사회 구성원들이 수행해야 하는 업무를 신속·정확하고 효율적으로 처리할 수 있게 함으로써, 초고속망이라는 도로의 핵심적인 차량 역할을 해 주기 때문이다. 그러나 이들보다 더 보편적으로 사람이나 조직 간의 의사소통을 편리하게 해 주고, 필요한 업무를 처리하게 도와줄 수 있는 것은 인터넷 서비스이다. 인터넷은 월드와이드웹(WWW) 외에도 전자 메일, 온라인 게임, 인터넷 전화(VoIP), 모바일 앱 등 다양한 서비스를 포함한다. 초고속망의 유용성은 초고속 인터넷 서비스 이용의 확산에 달려 있으므로, 정부도 그 활성화를 위한 여건 조성에 노력하였다.

우리나라에서는 1982년 인터넷이 처음 도입된 이래 일부 전문가들 사이에서만 이용되다가 1994년 일반인에게 처음 개방되었다. 초고속망 구축 논의를 시작하던 1994년 당시 우리나라의 인구 1만 명당 인터넷 이용자는 약 22명으로 약 671명인 미국의 1/30, 약 222명인 영국의 1/10, 약 43명인 일본의 절반 정도였다. 정보 사회 진입을 앞당기기 위해서는 인터넷 이용 확산 정책이 필요했다. 초고속망 구축의 목표 중 하나도 인터넷 이용 확산이었음은 물론이다. 국민 정보화 교육과 교육 정보화 등, 절을 달리해서 다룰 정보 사회의 수요 기반 확대를 위한 일반적인 정책들도 인터넷 활성화와 관련이 있지만, 여기에서는 아래 다른 절에서 설명하지 않을 정책들에 대해서 서술하고자 한다.

첫째, 인터넷 활성화를 위한 정부 개입은 주로 수요 측면에 관한 것이지만, 정부가 통신 사업자들에게 초고속 인터넷 가입자망을 확충하도록 직접 유인을 주는 대표적인 정책으로 1999년 4월부터 도입한 '초고속 정보 통신 건물 인증제'가 있다. 일정 규모 이상의 아파트 및 업무용 건물의 구내 통신 설비를 정부가 현장 실사하여 설정 기준에 따라 '초고속 정보 통신 건물 인증 마크(엠블럼)'를 부여하는 제도이다. 100Mbps급 이상 통신 속도는 1등급, 10~100Mbps급은 2등급, 10Mbps 이하는 3등급을 부여하였다. 구내 통신 설비는 건축물 완공 후에는 설치·변경이 곤란하고, 국내 통신망 고장 원인의 상당수를 차지하기도 하며, 통신 서비스의 품질을 좌우하는 매우 중요한 기반 시설이다.

따라서 건축주들을 대상으로 초고속 정보 통신에 대한 인식을 확산시키고, 인프라를 확대하려고 이 제도를 실시하였다. 결과는 대부분의 신축 아파트들이 초고속망을 기본 사양으로 공급하고, 기존의 아파트와 주택으로까지 확산되는 효과를 가져왔다. 이는 관련 산업에도 많은 영향을 미쳐 광케이블, LAN 장비, 단자함 등 통신업체의

생산량과 매출이 빠르게 증가하였고, 인터넷 시장 확대에도 일조하였다.[67]

둘째, 인터넷 이용 요금의 저렴화이다. 인터넷 이용자 수는 1996년 73.1만 명에서 1997년 163.4만 명, 1998년 310.3만 명, 1999년 1080만 명으로 폭발적으로 증가하고 있었다. 그러나 1990년대에는 이용자 대부분이 다이얼-업(Dial-up) 접속을 하고 있어서 종량제로 인한 요금 부담을 느꼈다. 정부는 기존 야간 시간 정액제 이외에 용량별 정액제와 시간대별 정액제를 도입하는 등, 다양한 요금제도를 유도하였다.

초고속 인터넷 서비스의 경우 부가 통신 서비스로 분류하여 진입 및 요금 규제를 하지 않고 자유 경쟁 체제를 도입하였으며, 그 결과 월 3만 원대부터 시작하는 정액제에 기초한 다양한 상품과 요금 제도가 등장하였다. 복수의 통신 사업자들이 ISDN, ADSL, CATV, 위성망, 구내 LAN망 등 다양한 기술 경쟁을 벌여 초기 시장 가격을 낮춘 것도 요금 저렴화의 또 다른 이유라고 분석된다. 저렴한 요금이 초고속 인터넷 가입을 더 빨리 확산시킬 수 있었음은 경험적으로 입증되어 우리나라의 2000~2002년 사이 초고속 인터넷 가입 가구 증가 속도는 세계적으로 유래를 찾아보기 힘들 정도였다.

셋째, 인터넷 이용 활성화를 위해서는 인터넷에(혹은 인터넷 공간에) 흥미롭고 유익한 콘텐츠와 그 안에서 할 일들이 많아져야 할 것

67 정보통신부, 『한국의 정보화전략』, 정보통신부, 2003, pp.127~128.

이다. 정보통신부는 다양한 콘텐츠 확보를 지원해 주기 위해서 1998년부터 한국DB진흥센터와 함께 '공공 정보 자원의 민간 상용화 사업'을 벌이는 등, DB 산업 육성 정책을 추진하였다. 온라인 교육, 온라인 게임, 인터넷 전화(VoIP) 등 인터넷 기반 새로운 사업들에 대한 세제 및 자금 지원도 강화하였다.

기업들의 인터넷 활동을 지원해 줄 수 있는 WSP(Web hosting Service Provider; 웹 호스팅 제공업체), ISP(Internet Service Provider; 인터넷 서비스 제공업체), IDC(Internet Data Center; 인터넷 데이터 센터) 등이 효율적으로 경쟁할 수 있도록 산업 생태계를 보호하는 정책들도 구비하였다. 인터넷 이용자들이 많아지면서 기업가들의 아이디어와 적극적인 상품 및 서비스 개발, 사업가 정신과 노력, 시장 상황 등이 훨씬 더 중요하였지만, 정부도 울타리와 지지대로서의 중요한 역할을 수행하였다.

넷째, 정보통신부는 서민층과 농어촌 주민들이 부담 없는 가격으로 인터넷을 이용할 수 있도록 1999년 10월부터 '인터넷 PC' 보급 사업을 추진하였는데, 첫 달에만 '국민컴퓨터적금' 가입자가 이미 100만 명을 넘어섰다. 이는 기존 PC와 비슷하거나 더 나은 성능의 PC를 사업자 간 경쟁 및 부품의 공동 구매를 통해 낮은 가격으로 공급하는 정책이다. 이와 관련하여 정보통신부는 다음과 같이 정리한다.

> 국민 '인터넷 PC'는 공급 물량의 40%가 농어촌 지역의 저소득층에 공급되어 정보 격차를 줄이는 데 크게 기여하였으며, 오랫동안 대기업을

중심으로 형성돼 온 200만 원 안팎의 PC 가격대를 100만 원대로 내리게 한 결정적인 계기가 되었다. '인터넷 PC'가 보급되면서 PC 가격의 거품이 빠지자 PC 보급률이 급속하게 증가하여 'PC 보급 1천만 시대'로 진입하였다.[68]

<표 4-6>에서 보듯이, 1999~2002년까지 4년간 인터넷 이용자와 초고속 인터넷 가입 가구 수가 폭증한 데에는 '인터넷 PC' 보급도 한몫하였을 것으로 추정된다.

<표 4-6> 우리나라 인터넷 이용자 수 및 초고속 인터넷 가입 가구 수

구분	1998.12.	1999.12.	2000.12.	2001.12.	2002.12.	2003.12.
인터넷 이용자 (만 명)	310	1080	1904	2438	2627	2922
초고속 인터넷 가입 가구 (만 가구)	1.4	37.4	401	781	1040	1118

출처: 정보통신부, 『한국의 정보화전략』, 정보통신부, 2003, p.10.

다섯째, '인터넷 플라자'의 육성이다. 사이버 코리아 21 계획은 중점 추진 과제의 하나로 인터넷 플라자 육성을 제시하고 있다. 우체국, 읍·면·동사무소, 공공 도서관 등 공공 시설의 여유 공간에 인터넷 플라자를 설치하여 인터넷의 보편적 이용 환경을 구축하고, 민간 부문에서 생기는 PC 방들을 건전한 인터넷 플라자로 유도하자는 취지이다. PC방은 1997년 처음 등장한 이후 매년 폭발적으로 증가하여 2000년 말

68 정보통신부, 『한국의 정보화전략』, 정보통신부, 2003, p.131.

에는 약 20,000개에 이르렀다. 처음에는 학생이나 일반인이 인터넷 검색을 위해 찾던 곳이 1998년 상반기 소위 머드 게임(특히 스타크래프트)의 폭발적 인기에 힘입어 청소년들의 인터넷 게임 장소로 바뀌었다. 그러나 이후 다양한 내용과 형태의 PC방으로 바뀌는 변화가 일어났으며, 상당 정도 인터넷 플라자 역할을 하게 되었다. 다만 PC방은 대개 대도시에 몰려 있어 중소 도시와 읍면 지역의 경우 이런 시설의 혜택에서 소외되는 것이 문제였다.

이에 정부는 1999년 10월부터 중소 도시와 군 지역 및 섬 지역의 100여 개 우체국에 인터넷 플라자를 설치하여 주민들이 무료로 이용할 수 있도록 하였고, 매년 유사한 사업을 벌였다. 우체국이 없는 지역에는 초·중등학교에 인터넷 플라자를 설치하는 사업을 벌였다.

<표 4-6>에 보듯이 우리나라 인터넷 이용자와 1999~2001년의 초고속 인터넷 가입 가구 수는 2000~2002년 사이에 급격하게 증가하였다. 물론 시대적인 배경이 큰 몫을 하였지만, 김 대통령의 지속적인 관심과 강력한 리더십, 1장에서 설명한 국가의 정보화 정책과 추진 체계, 2장에서 다룬 전자 정부의 성공적인 추진, 3장에서 다룬 디지털 경제 패러다임으로의 전환, 위에서 다룬 초고속망의 조기 구축 등이 큰 원동력이 되었고, 국민의 적극적인 도전 정신이 어우러져 빚어낸 결과이다.

이러한 초고속 인터넷의 급속한 수용은 세계적으로 화제가 되었고, <표 4-7>에서 보듯이 우리나라를 세계 1위 초고속 인터넷 보급률 국가로 만들었다.

<표 4-7> OECD 주요 국가별 초고속 인터넷 보급률(2002. 6.)

구분	한국	캐나다	스웨덴	미국	일본	OECD 평균
초고속 인터넷 보급률 (1만 명당 인구)	19.1	10.2	7.0	5.6	3.9	3.8
순위	1	2	3	6	8	-

출처: 한국전산원, 『2003 정보화백서』, 한국전산원, 2003, p.212.

2002년 우리나라는 5~6월에는 4강 준결승까지 진출한 월드컵, 9~10월에는 우승국을 목표로 하는 아시안 게임이 개최되었다. 이때 많은 외국인들이 방문하여 우리나라의 초고속 인터넷 등 정보 통신 기기와 설비의 속도와 매력을 경험하면서 칭찬 릴레이가 이어졌다. <표 4-8>은 초고속 인터넷에 대한 해외 평가들이다. 이외에도 그 긍정적인 성과에 대한 다양한 의견이 나왔고, 향후 과제에 대한 논의도 있었다. 그 내용은 <참고 기사 4-2>에 잘 제시되어 있다.

<표 4-8> 한국의 초고속 인터넷에 대한 해외의 평가

평가자(출처)	주요 평가 내용
Bill Gates (Comdex, 2001.11.)	한국은 정부의 적극적 투자와 지원을 바탕으로 세계 최고의 초고속 정보 통신망을 구축
ITU (ITU News, 2001.8.)	세계 1위의 초고속 인터넷 국가인 한국의 성공 요인은 다양하고 지속적인 초고속 인터넷 정책 추진
영국 휴이트 통산부 장관 (2002.1. 한국 방문 시)	세계 최대의 초고속 인터넷 시장인 한국의 정책과 경험을 배우고, 영국도 이 분야에 적극적 투자의 계기를 마련하게 됨.
일본 『세계주보』 (시사통신사, 2001.5.)	초고속 인터넷 분야에서 한국이 미국을 추월한 것은 정부의 경쟁 촉진 정책 등에 기인
Ypsilanti OECD 의장 (Reuters, 2002.6.)	한국은 빠른 속도의 인터넷 엑세스에 어울리는 적절한 애플리케이션을 만들며, 더욱더 성장해 나갈 것
OECD (Int'l Herald Tribune, 2001.11.)	OECD 국가 중 초고속 인터넷 분야를 이끌어 갈 나라로서 한국을 벤치마킹 대상 국가로 추천함.

출처: 정보통신부, 『한국의 정보화전략』, 정보통신부, 2003, p.28, p.309.

<참고 기사 4-2> 초고속 인터넷 1천만 시대/디지털 경제 진입 토대 마련

한국이 초고속 인터넷 가입자 1000만 명 시대를 열며 세계 최강의 정보 인프라 국가 반열에 올라섰다. 서비스를 시작한 지 불과 4년 만에 이룬 성과는 세계에서 유례가 없는 일이다. 그러나 이를 바탕으로 최고 수준의 질적인 정보화를 이끌어 내야 한다는 과제도 남아 있다.

◆추진 과정과 의미

"세계에서 가장 컴퓨터를 잘 쓰는 국가로 만들겠다."는 정부 의지가 기폭제가 됐다. 정부는 전략 회의를 수시로 열어 정책적인 지원을 아끼지 않고 시장 경쟁 체제를 유지해 온 것이 오늘의 업적을 가져왔다. 4년간 약 11조 원을 투자했다. 서비스는 지난 98년 6월 두루넷이 케이블 TV망을 이용, 가장 먼저 시작했다. 하나로통신은 99년 4월 세계 처음 비대칭디지털가입자회선(ADSL) 서비스를 선보였고 같은 해 6월 KT가 ADSL 서비스에 가세하면서 초고속 인터넷이 전국적으로 확산됐다. 초고속 인터넷의 성공은 'IT 강국'으로서 위상을 확고히 굳혔다는 평가를 받고 있다. 미국 하원은 한국의 초고속 인터넷 성공에 자극받아 지난 2월 초고속 정보 통신망 보급 촉진을 목표로 <광대역보급법안>을 가결했고, 7월에 방한한 영국 초고속 인터넷 사절단도 '기적'이란 표현을 써 가며 극찬했다.

◆보급 현황

전국의 모든 읍은 물론 면 지역의 98%인 1,200곳에까지 초고속 인터넷이 거미줄처럼 깔려 있어 전 국민이 이를 이용하고 있는 셈이다. 보급률은 지난해 말 현재 100명당 17.16명로 세계 1위를 기록했다. 2위인 캐나다 8.4명, 스웨덴 4.96명, 미국 4.47명, 일본 2.23명에 비하면 크게 앞선 것이다. OECD(경제협력개발기구) 회원국의 평균치(2.9명)를 훨씬 웃돌고 있다. 사업자별로는 KT가 458만 명, 하나로통신 286만 명, 두루넷이 131만 명의 가입자를 갖고 있다.

◆효과와 과제

11조 원이 투자된 초고속 인터넷의 파급 효과는 IT(정보 기술) 관련 산업 생산 유발액 17조 원, 부가 가치 유발액 5조 8000만 원, 고용 유발 59만 명에 이르는것으로 추정된다. 우리나라의 미래 성장 잠재력을 높이고 다른 나라에 앞서 디지털 경제 시대에 본격 진입할 수 있는 계기를 만들었다. 즉 PC 제조업체, 부품업체, 콘텐츠업체 등 관련 IT 산업 분야에 활로를 찾아준 계기가 됐다.

안방에서 온라인 주식거래는 물론 온라인 게임, 온라인 교육, 원격 진료 등이 가능해지고 각종 커뮤니티 사이트를 통한 여론 형성에도 큰 몫을 했다. 특히 정부가 역점적으로 추진 중인 '전자 정부'의 기틀 마련을 앞당기는 데에도 초고속 인터넷이 큰 역할을 했다. 그러나 잘 갖춰진 인프라를 활용, 디지털 영상 콘텐츠 등 고부가 가치 콘텐츠를 개발하는 등 질적 향상을 꾀해야 하는 과제가 남아 있다.

(서울신문, 2002.11.07.)

국민 정보화 교육

김대중 대통령은 1998년 4월 17일, 취임 후 첫 번째 정보통신부 업무 보고에서 정보 사회에 대비하여 모든 국민이 컴퓨터 이용에 익숙해지도록 해야 한다고 강조하면서, '국민의 컴퓨터 이용 능력의 배양'을 지시하였다. 전 국민이 컴퓨터를 쉽게 배울 수 있도록 시설 및 교육 기회를 확대하기 위해 동사무소나 주민회관 등에 컴퓨터 교육장을 마련하여, 주민들이 쉽게 컴퓨터 교육을 받을 수 있도록 정보통신부가 지원할 것을 지시하였다.

이러한 취지는 1999년 3월 수립된 사이버 코리아 21 계획에도 반영되어, 전 국민 대상의 정보화 교육 계획을 수립하고, 계층별 특성에 맞는 정보화 교육 기회를 제공하게 하였다. 우선 90만 공무원의 컴퓨터 교육을 위해 각급 공무원 교육 기관의 컴퓨터 교육 과정을 확대하고, 특히 상급직인 실·국장급에 대한 특별 교육을 실시하였다.

1000만 학생들은 학교에서 컴퓨터 실용 교육을 완료하도록 학교별 특성에 맞는 정보화 기반을 조성하고, 1학교 2컴퓨터 실습실 구축을 계획하였다. 아울러 학교별로 정보화 선도 교사를 선정하여 특별 교육을 실시하고, 일반 교사들에 대해 전파 교육을 실시하도록 하였다. 60만 군인 정보화 교육을 위해서는 각 군내 교육장을 확대 설치하고, 복무 중 교육과 사회 복귀 전 재교육을 실시하여 군을 국민 정보화 교육의 장으로 활용하도록 하였다.

아울러 정보화 교육에 대한 열의를 북돋우고, 정보 활용 능력의 평가 및 인증을 위해 다양한 정보 소양 인증 제도를 도입하였다. PC 기능 일반, 범용 사무 자동화 S/W, 인터넷 등의 컴퓨터 활용 능력을 객관적으로 인증해 주는 정보 소양 인증 제도를 국가 공인 민간 자격으로 도입하였다. 그 실효성을 높이기 위해서 대입 선발 기준, 공무원 근무 성적 평정 기준 등으로 활용하도록 권고하였다. 행정자치부에서는 5급 이하 전 공무원을 대상으로는 '정보화 능력 검증제'를 도입하였고, 4급 이상 공무원에게는 '정보화 교육 의무 이수제'를 도입하였다.

정보통신부는 사이버 코리아 21의 시행 계획의 하나로 2002년까지 약 2500만 명의 국민에 대한 정보화 교육 추진을 내용으로 하는 '국민 정보화 교육 종합 계획'을 수립하여 1999년 3월 개최된 정보화추진위원회에서 이를 확정하였다. 김 대통령은 1999년 4월 1일 열린 정보통신부 '국정개혁보고회의'에서 이를 보고 받고 "지식 정보 사회에서는 컴퓨터 사용이 보편화하여야 하므로, 관계 부처와 협의하여 전 국민 컴퓨터 교육을 강화해 나가기 바란다."라고 지시하였다. 이에 각 부처는 주 고객들을 대상으로 정보화 교육 계획을 수립·시행하였다.

그러나 IMF 사태로 인해서 동력을 잃은 정보화 교육 진행 실적은 종합 계획의 목표에 훨씬 못 미쳤다. 김 대통령은 2000년 4월 개최된 제4차 정보화전략회의에서 국민 1000만 명에게 정보화 교육을 실시하고, 특히 정보 소외 계층에 대한 정보화 교육을 확대하라는 구체적인 지시를 내렸다. 정보통신부는 10개 관련 부처의 계획을 종합하여 '1000만 국민 정보화 교육 계획(2000~2002)'을 수립하였고, 이를 2000년 6월 국무회의에서 확정했다.

다른 괄목할 만한 국민 정보화 교육으로는 주부 대상 교육이 있었다. 정보통신부는 '100만 주부 인터넷 교육 계획'을 수립하고, 2000년 1월, 769개 사설 컴퓨터 학원을 지정하여 위탁 운영하였는데, 대기자가 많아지자 2000년 4월 목표 인원을 200만 명으로 수정하고 500개 이상 학원을 추가 지정하였다. 지정 학원에 대해서는 통신 요금 인하와 교육 장비 저가 구매 등의 혜택을 제공하여 교육이 원활히 진행되도록 지원하였다. <참고 기사 4-3>은 주부 정보화 교육의 열기를 보도한 기사이다.

<참고 기사 4-3> 전국 주부 넷맹 탈출 '신드롬'

18일 오전 10시 서울 양천구 신월동에 있는 선경정보처리학원, 세 명의 직원이 모두 전화기를 붙들고 있다. "버스 328번 종점 근방입니다.", "3월 수강 신청은 끝났어요". 직원들은 이런 답변을 수없이 반복하고 있다. 이 시각 걸려 온 전화는 주부들이 인터넷 교육에 관해 묻기 위한 것. 정통부가 지난 15일 이 학원을 포함, 전국 769개 학원을 주부 인터넷 교육 기관으로 지정한 뒤, 지정 학원에는 연일 문의 전화가 쇄도하고 있다.

서울 강북구 수유3동에 있는 북부정보처리학원도 마찬가지. 이 학원도 이틀 만에 3월 수강생 180명 접수를 마쳤고, 4월 수강생 접수도 끝나 가고 있다.

이 학원 김현경 교무실장은 "수강 신청자 중에는 30대 주부가 가장 많고, 60대도 의외로 많다."고 말했다. 또 "30대 주부들은 주식 투자나 인터넷 쇼핑 등 생활에 활용하기 위해 인터넷을 배우려 하고, 나이가 많은 주부들은 자식들한테 따돌림당하지 않으려고 이곳을 찾는다."고 덧붙였다. 이날 오후 이 학원을 찾은 주부 김선희 씨(35,수유1동)는 "당장 배우고 싶었는데 4월부터 배우게 돼 너무나 아쉽다."고 말했다. 김 씨는 "아기를 누구에게 맡기고 학원에 나올지 걱정"이라면서 "인터넷을 배워 회사에 나간 남편에게 E메일을 보내고 싶다."고 말했다.

주부 인터넷 열기는 두 학원뿐만이 아니다. 인터넷 수강 신청을 하려고 아침 일찍 몰려와 학원 문을 열기도 전에 줄을 서는가 하면, "4월은 안 된다."며 수강하는 달을 3월로 바꿔 달라고 한없이 졸라대는 주부도 적지 않다. 서울 강남에 있는 한 학원의 관계자는 "수강 신청을 받기 위해 줄을 세워 보기는 이번이 처음"이라면서 "문의 전화 때문에 도무지 일을 할 수 없는 지경"이라고 말했다.

정통부가 추진하는 한 달 과정의 주부 인터넷 교육 프로그램은 컴퓨터 기초 지식, 윈도98 활용, 인터넷 활용, 전자 우편 활용, 인터넷 유해 정보 차단, 정보 검색 등으로 구성되어 있다. 교육에 관한 안내는 정통부 홈페이지(www.mic.go.kr)나 한국경제신문 홈페이지(www.ked.co.kr) 취재 후기에 게재되어 있다.

정통부 정보화기반과 장광수 과장은 "남궁석 전 정통부 장관 부인도 남편처럼 미국에 있는 딸과 매일 E메일을 주고받기 위해 지난해 서둘러 인터넷을 배웠다."면서 "인터넷을 배우려는 주부들의 동기는 다양한 것 같다."고 말했다. 정통부는 주부 인터넷 교육에 관한 열기가 전국으로 확산됨에 따라 후속 대책을 검토하고 있다. 그 일환으로 여건상 인터넷 교육이 곤란한 23개 시·군·구에서는 우체국 정보 교육 센터나 지방 자치 단체 교육장을 활용해 인터넷 교육을 실시키로 했다.

(한국경제, 2000.02.18.)

아래 <표 4-9>에서 보듯이 '1000만 국민 정보화 교육 계획'의 실적은 2002년 6월에 이미 1300만 명이 넘어설 것으로 예상되었고, 이에 정보통신부는 2002년 7월에는 '2단계 국민 정보화 교육 계획(2002.7.~2004.)'을 수립·발표하였다. 2단계에서 교육 목표 인원이 대폭 감소한 것은 주부, 학생, 근로자, 군인, 교사들 때문인데, 이들에 대한 기본적인 정보화 교육 수요가 대부분 충족된 것으로 해석할 수 있다.

<표 4-9> 국민 정보화 교육 실적(단위: 천 명)

	1000만 국민 정보화 교육		2단계 국민 정보화 교육	
	목표	실적	목표	실적
장애인	206	101	197.8	178.7
농업인	171	129	220	153.9
어업인	20	16	25	20.9
노인	171	443	190	389.7
주부	2,000	434	-	-
재소자,보호소년	32	120	108.6	105
지역 주민	1,600	5,359	1,892.3	5,430.6
근로자	1,500	1,435	1,050.7	940.7
군장병	740	623	410	709.6
공무원	510	510	600	821.2
교사	615	1,109	282.5	255.2
학생	3,364	3,373	66.3	71.5
공기업 임직원	200	153	-	-
계	11,129	13,805	5,043.2	9,077

출처: 정보통신정책연구원(편), 『정보사회와 정보화정책』, 법영사, 2005, p.304.

김 대통령의 정보화 교육에 대한 강한 의지와 정보 격차 해소 수단으로서의 중요성에 대한 믿음은 2001년 3월 26일 정보화 교육 수료자 초청 오찬에서 한 다음 연설에도 잘 나타나 있다.

오늘은 정말 뜻깊은 날입니다. 여기 정부 관계자와 정보화 교육을 담당하는 분들도 있지만, 대부분은 배우는 분들, 특히 어려운 환경에서 배우는 분들입니다. 멀리 마라도의 초등학생부터 노인·군인·농민·어민·사업가 등 정말 다양한 분들이 오셨습니다. 나는 여러분을 참으로 자랑스럽게 생각하고 있으며, 여러분을 보면서 참으로 희망이 있다는 생각을 갖게 되었습니다. …… 이제는 나라가 크고 작은 것이 중요하지 않습니다. 눈에 보이지 않는 창의력이 관건입니다. 돈 없는 사람도 첨단 교육을 받고 아이디어만 있다면 성공의 기회를 가질 수 있습니다. 그러나 가난한 사람들이 정보화 교육의 기회를 갖지 못하면 격차가 더욱 커집니다. 정보화 격차를 줄이기 위한 노력은 그런 의미에서 더욱 중요합니다.[69]

교육 정보화

김영삼 정부는 1995~1996년 추진하였던 교육 개혁 방안에서 교육 정보화가 기본적이고 중요한 역할을 한다는 인식하에 '교육정보화 기반 구축 3개년 계획(1997~1999)'을 수립·추진하였다. 주요 내용은 초·중등학교의 컴퓨터 실습실 구축, 실업계 고등학교의 멀티미디어실 구축, 모든 교실에 멀티미디어와 관련 컴퓨터 보급, 교원용 컴퓨터 보급, 학내 전산망 구축이었다.

그러나 그 계획은 IMF 사태 이후 정부의 예산 부족으로 제대로

69 국정홍보처(편), 『김대중대통령연설문집』 제4권(2001.2.1.~2002.1.31.), 대통령비서실, 2002, pp.178~179.

실행되지 못하였고, 김대중 정부 출범 이후 1998년 6월에 '교육 정보화 종합 계획(1997~2002)'으로 수정되었다. 수정 계획에 의하면 2002년까지 총 누계 40만 대의 실습실 교육용 컴퓨터를 보급하여 1학교 2컴퓨터 실습실(36학급 미만은 1실습실) 환경을 마련하고, 아울러 2002년까지 전국 1만여 개 학교에 학내 전산망을 구축하여 인터넷을 이용한 창의적인 교육 환경을 조성하며 다양한 교육용 S/W를 개발·보급하기로 하였다.

김대중 대통령은 2000년 1월 3일 새천년 신년사를 통해서 이 계획의 목표 연도를 2년 앞당기겠다고 발표하였다.

> 2002년 목표의 '교육정보화 종합계획'을 앞당겨 올해 안에 완결하겠습니다. 자라나는 청소년들이 정보화 능력을 배양하여 지식 정보 사회의 꿈나무들이 되도록 하겠습니다. 이를 위하여 모든 초·중·고등학교에 초고속망을 구축하도록 하겠습니다. 모든 교사와 전 교실에 컴퓨터 한 대씩을 무상으로 보급하겠습니다.[70]

이는 초고속망 구축 2단계의 목표 연도를 2년 앞당긴 것과 궤를 같이 하는 것으로, 김 대통령의 정보화에 대한 강한 의지가 담긴 결정이었다고 평가된다.

김 대통령은 종합 계획의 목표 달성을 위한 독려를 아끼지 않았

---

70 국정홍보처(편), 『김대중대통령연설문집』 제2권(1999.2.1.~2000.1.31.), 대통령비서실, 2000, pp.725~726.

다. 2000년 4월 28일 교육부 업무 보고 시에는 "교육 정보화에 필요한 기본적인 물적 기반을 조속히 구축하기 위한 교육 정보화 종합 계획을 조기에 달성해야 하며, 저소득층 학생에 대한 정보화 교육 지원사업을 차질없이 시행해 주기 바란다. 하드웨어는 물론, 소프트웨어, 콘텐츠 개발·보급, 담당 교원의 역량도 중요하다. 이를 바탕으로 세계 10대 정보 강국을 만들기 위해 총력을 다해야 할 것이다."[71] 라고 훈시하였다. 2000년 7월 정보통신부 장관, 교육인적자원부 장관과 한국통신 사장이 만나 2000년 12월까지 전국 초·중·고등학교 10,082개교(초등 5,484, 중등 2,650, 고등 1,948)에 초고속인터넷 회선(256Kbps 이상)을 무료 제공하는 합의서를 체결하였다.

종합 계획은 김 대통령의 약속대로 2000년 말에 목표를 조기 달성하였다. 모든 초·중학교에 컴퓨터 실습실을 구축하였고, 교원들에게 1인 1PC를 보급하였으며, 모든 대상 교실(206,111개)에 교단 선진화 기자재를 설치하였다. 더불어 모든 학교에 학내 전산망을 설치하였다.

각급 학교에 정보 통신 교육을 2001학년도부터 필수화하였으며, 정보 소양 인증 제도를 고등학교는 물론 중학교까지 확대하였다. 매년 전체 교원의 25%에게 정보화 연수를 실시하여 전체 교원 34만 명이 기초 연수를 완료하고, 1교 1명의 학교 정보화 전문 요원을 양성하였다.

71 대통령비서실 문서번호 정책 12000-103(제목: 대통령 지시사항 송부) <시행일자: 2000. 5. 6>.

민간이 개발한 교육용 S/W 구입비로 한 학교당 100만 원을 지원하였고, S/W 공모전을 개최하여 교원들의 저작 능력 배양을 모색하였다. <표 4-10>은 김대중 정부에서 교육용 S/W 개발이 급증하였음을 보여 준다.

<표 4-10> 교육용 S/W 개발 현황 (단위: 종)

	시·도 공동개발	시·도 자체 개발	KERIS 개발	S/W 공모전	합계
1988~1999	684	1,163	255	2,276	4,378
2000	-	193	51	550	794
2001	76	299	12	657	1,044
2002	80	174	63	1,846	2,163

자료: 한국전산원, 『2003 정보화백서』, 한국전산원, 2003, p.174.

교육 정보화 전문 지원 기관으로 기존의 멀티미디어교육지원센터와 첨단학술정보센터를 통합하여 한국교육학술정보원(KERIS)을 설립하여(1999년 4월), Edunet을 통해 다양한 교육 정보와 자료를 제공하게 되었다. 정보 격차 완화를 위한 김 대통령의 관심 정책도 실행되었다.

생활 보호 대상자와 장애인 가정의 자녀 등, 저소득층 학생 50만 명에게 월 2만 원씩 3개월 동안 컴퓨터 교습비를 지원하였다. 또 이들 가운데 5만 명에게 PC를 무료로 나눠 주고, 5년 동안 인터넷 사용료를 면제해 주었다.

김 대통령은 2001년 4월 20일 전국 초·중등학교 정보 인프라 구축 및 인터넷 연결 기념식 연설에서 교육 정보화 목표 달성을 치하하면서 향후의 발전 방향을 제시하였다.

오늘은 정말 뜻깊은 날입니다. 마침내 전국의 모든 초중등학교가 인터넷으로 연결되었습니다. 23만 5천여 교실에 컴퓨터의 보급이 완료되었습니다. 34만 교원 모두가 개인 컴퓨터를 가지게 되었습니다. 지식 정보 강국으로 가는 교육 정보화의 탄탄한 기반이 드디어 마련된 것입니다. …… 하지만 오늘 이 자리는 '완성'이 아니라 '시작'에 그 의미가 있습니다. 인프라를 갖추는 것도 중요하지만 그것을 활용하여 교육의 지평을 넓혀 가는 일이 더욱 중요하기 때문입니다. 세계 최고 수준의 교육 환경을 기반으로 우리 교육이 지닌 문제점을 해결하는 출발점이 되어야 하겠습니다. 동시에 교육의 질을 획기적으로 향상시키는 계기가 되어야 하겠습니다.

먼저 일방적인 주입식 교육이나 지나친 학업 성적 위주의 교육에서 탈피하는 노력이 필요합니다. 지식 기반 사회에서 정체된 지식은 유용한 지식이 될 수 없습니다. 무한히 생산되는 지식 정보를 이용하여 새로운 가치를 창출할 수 있는 능력이 무엇보다 중요합니다. 이를 위해서는 교육 방법에 있어 질적인 변화가 일어나야 합니다.

정보 통신망과 정보 기술을 활용한 새로운 교육 방법과 제도를 도입하여 공교육의 내용을 보완해 나가야겠습니다. 다양한 교육 콘텐츠의 개발도 시급한 과제입니다. 사이버 교육도 더욱 활성화해야 하겠습니다.[72]

다음 <참고 기사 4-4>는 이러한 교육 정보화의 성과를 잘 요약하고 있다.

72 국정홍보처(편), 『김대중대통령연설문집』 제4권(2001.2.1.~2002.1.31.), 대통령비서실, 2002, pp.205~207.

<참고 기사 4-4> 미·일 앞지른 교육 정보화: 전국 학교 인터넷 개통 의미

교육인적자원부의 교육 정보화 1단계 사업이 완료됨에 따라 우리나라는 미국 영국 일본 캐나다 등 선진국보다 높은 수준의 정보 인프라를 갖추게 됐다.

우선 학교 컴퓨터 보급률에서 세계 최고다. 실제 미국과 영국의 학교는 대부분 교실이나 컴퓨터실 중 한 곳에만 PC를 설치하고 있는 실정이다. 또 일본의 경우는 컴퓨터실에만 PC가 있고 컴퓨터 보급률도 57.4%에 불과하다.

인터넷 연결 속도도 최고 수준이라는 게 교육부 설명이다. 이번에 국내 학교에 설치된 PC에는 최소 256Kbps 이상 속도의 인터넷 전용선이 연결돼 있다. 또 전 학교의 45%가 초고속인 2Mbps선으로 연결돼 있다. 영국 일본 미국 등은 56~128Kbps선을 사용하고 있다.

교육부는 이처럼 세계 수준의 "하드웨어"를 제대로 활용하기 위해 교육용 멀티미디어 교재와 교수 방법 등 다양한 소프트웨어 개발에도 나서고 있다.

현재 교육부는 교육용 소프트웨어 공모전 등을 통해 각종 소프트웨어 및 학습자료를 5천 종 이상 개발, 각급 학교에 보급해 왔다. 교육부는 이와 함께 올해부터 2003년까지 매년 11만여 명의 교사를 대상으로 정보화 활용 교육을 실시하기로 했다. 또 2002년까지 3만여 점의 교육용 멀티미디어 자료를 개발해 추가 보급할 계획이다.

(한국경제, 2001.04.20.)

정보 격차 해소

앞에서도 언급했듯이 김대중 대통령의 정보 격차 해소에 대한 관심은 지대하였으며, 지식 기반 경제에서 빈곤 문제를 해결하고 복지사회로 나아가는 중요한 열쇠로 여겼다. 2002년 예산안 제출에 즈음한 2001년 정기 국회 시정 연설에서는 "정보 격차를 해소해 모든 국민이 경제적·신체적·지역적 여건 등에 구애받지 않고 정보화의 혜택을 함께 누리는 '디지털 복지 사회'를 건설하겠다."고 의지를 밝혔다.

김대중 정부는 이처럼 '디지털 복지'라는 개념에 따라 정보 소외 계층이 자유롭게 정보 통신망에 접근해서 정보를 이용하여 삶의 질을 향상시킬 수 있도록 <정보격차 해소에 관한 법률>(2001.1.)을 제정하였다. 법률에는 5년마다 '정보 격차 해소 종합 계획'을, 매년 '정보 격차 해소 시행 계획'을 수립하도록 하였다. 또 정보화추진위원회 분과위원회로 정보격차해소위원회를 설치하여 관련 주요 사항을 심의·조정하게 하였고, 소외 계층의 정보 통신 서비스 이용 보장, 이용 환경 조성, 정보 이용 시설 설치·운영, 정보화 교육 실시, 정보 격차 실태 조사 등을 규정하였다.

정보 격차 해소 정책은 2000년 4월 대통령이 주재하는 정보화전략회의에서 사이버 코리아 21의 후속 조치로서 '정보 격차 해소를 위한 종합 대책'을 확정함으로써 실행되었다. 구체적인 내용은 아래 설명할 '정보 격차 해소 시행 계획'과 거의 동일하다. 법 통과와 함께 정보통신부는 14개 부처와 공동으로 2001년 9월 '정보 격차 해소 종합계획(2001~2005)'을 수립하였고, 그에 입각해 작성된 시행 계획에 따라 실행에 옮기게 된다. 추진 방안들이 다양하기 때문에 2001년과 2002년의 시행 계획 내용을 부처 소관별로 통합하여 <표 4-11>에 정리·제시하였다.

과제들의 추진 현황에 대해 2003년 12월에 발간된 『2003 정보격차 해소 백서』에서 "일부 과제의 경우 비록 지연되거나 변경되기는 하였지만, 전체적으로 당초 계획대로 차질없이 추진되고 있다."[73]라고 평가하고 있으므로, 김대중 정부의 정보 격차 정책은 대체로 계획대로 실행된 것으로 판단할 수 있다. 이하에서는 앞 절에서 다룬 정보화 교육을 제외한 몇 가지 중요한 정책적 노력의 결과에 대해서 상술하고자 한다.

첫째, 농어촌 지역에 대한 초고속망 구축 지원이다. 정부는 <한국전기통신공사의 공익성 보장에 관한 고시>(2022.1.22.)를 제정하여 2002년 민영화 이후에도 통신망 주도 사업자인 KT에게 초고속망의 구축을 의무화하였다. 이를 통해 2002년까지 읍면 소재지에 100% 초고속망을 구축했을 뿐 아니라, 2003년에는 전체 농어촌 가구의 93%가 초고속 인터넷을 이용 가능하게 될 전망이며, 2005년까지는 농어촌 등 수요 저밀도 지역에 대한 초고속망 접근성을 보장하고, 전국에 1Mbps급의 초고속 인터넷 서비스가 보편적으로 제공되도록 할 계획이다.

사업자에게 투자 유인을 제공해 주기 위해 2005년까지 정보화 소외 지역에 대한 통신 사업자의 시설 투자 소요 재원의 일부에 대해서는 재정융자특별회계에서 지원을 할 예정이었다. 한편 초고속망 회선 설치가 곤란한 도서·산간 지역이나 소외 지역은 위성 및 무선망을 최대한 활용할 계획이었다. 이때에는 주민들이 인터넷 이용에 불이익이 없도록 위성 인터넷 이용 요금을 ADSL과 같은 수준인 월

73 한국정보문화진흥원, 『2003 정보격차 해소백서』, 한국정보문화진흥원, 2003, p.38.

30,000원으로 요금 체계를 개편하였다. 아울러 하향 서비스는 원활하지만 상향 서비스는 어려운 위성 통신의 약점을 보완하기 위해서 양방향 위성 인터넷 서비스 기술 개발도 지원하였다.

둘째, 초고속 인터넷 서비스에 대한 보편적 서비스의 보장 및 확대이다. 2021년까지 존재했었던 <정보화촉진기본법> 제16조 2는 "정부는 정보 통신망에 대한 자유로운 접근과 이용을 보장하고 지역적·경제적 차별없이 균등한 조건의 보편적 역무가 제공될 수 있도록 필요한 시책을 강구하여야 한다."라고 규정하였다.

2021년 7월에 이를 대체하여 제정된 <지능정보화기본법> 제45조는 "국가 기관과 지방 자치 단체는 모든 국민이 지능 정보 서비스에 원활하게 접근하고 이를 유익하게 활용할 기본적 권리를 누구나 격차 없이 실질적으로 누릴 수 있도록 필요한 시책을 마련하여야 한다."라고 보편적 서비스 제공 의무를 규정하고 있다.

<표 4-11> 부처별 2001~2002년 정보 격차 해소 시행 계획 주요 내용

부처명	주요 과제 및 내용	예산 (억 원)
교육인적자원부	- 저소득층(5만 명) 컴퓨터 리스료 및 인터넷 통신비 지원 - 초등 1~4학년 정보화 교육 필수 교과 지정(34시간 이상 교육) - 교원 대상 정보화 직무 연수 실시(39만 명)	753
외교통상부	- 개도국 인력 교류(연수생 초청 336명, 전문가 파견 6명) - IT 장비 등 물자 지원(11억 원), 프로젝트 4건(20억 원)	135
법무부	- 재소자, 보호소년 대상 정보화 교육(약 53,400명)	131
국방부	- 군 장병 정보화 교육, 원격 교육 시범 체제, 전역 장병 자격증 취득(장비 교체, 자격증 20만 명, 원격 교육 시범 실시)	81

부처명	주요 과제 및 내용	예산 (억 원)
행정자치부	- 19개 정보화 시범 마을 선정: 마을 정보 센터, 웹사이트 구축 - 정보화 교육 - 지역 주민 50만 명, 공무원 51만 명	709
문화관광부	- 장애인용 도서관 시설 정비, 전자 국어사전 개발	15
농림부	- 농업인 대상 무료 인터넷 서비스 제공 - 농산물 출하 지원 시스템과 원격 영농 기술 상담 시스템 확대 - 농업인 정보화 교육(75,540명)	154
보건복지부	- 장애인(126,280명), 노인(70,800명) 정보화 교육 - 모자 복지 시설 PC 보급(19개소 140대) - 무지점자기, 특수 키보드, 점자 출력 S/W 등 기술 개발 추진	101
노동부	- 근로자 정보화 교육(근로자, 실업자, 자영업자 130만 명) - 장애인 인터넷 센터 운영 및 장애인 직업 훈련(19,164명) - 장애인고용촉진공단과 직업재활기관(127개)의 연계 시스템	2,324
여성부	- 여성 IT 전문 인력 양성, 사이버 교육 시스템 개발 - 여성 단체 홈 페이지 구축 및 전자 상거래 지원	44
해양수산부	- 어업인 정보화 교육(수산기술관리소, 원격영상교육시스템) - 어업인 신지식 공유 시스템을 통해 어업 기술 등 정보 제공 - 모범 어촌계를 선정하여 정보사랑방 설치(156개소)	49
기획예산처	- 공기업 임직원 정보화 교육 실시(99,000명)	112
중소기업청	- 중소기업 재직자 정보화 교육 실시(23,000명) - 8개 조합 B2B 지원, 중소기업 밀집 15개소 정보화 기반 구축	141

부처명	주요 과제 및 내용	예산 (억 원)
정보통신부	- 통신 사업자의 농어촌 시설 투자 재원 융자 지원(2,300억 원) - 양방향 위성 인터넷 서비스 및 디지털 TV 기술 개발 추진 - 읍면 지역 대상 위성 인터넷 패키지 요금제 도입(월 3만 원) - 우체국, 읍면 지역에 무료 인터넷 시설 설치(1,070개소) - 장애인, 사회 복지 시설에 중고 PC 보급(15,000대) - 장애인, 노인, 여성, 저소득 청소년 등 105만 명 정보화 교육 - 원격 교육 시스템(4만 명 교육) 및 강사 지원단 확대(3,000명) - 정보 통신 접근성보장 지침 제정 및 이행 평가 방법론 개발 - 저소득층, 사회 복지 시설 통신 요금 감면 추진 - 동아시아 정보 격차 해소 특별 기금 설치(13억 원) - 정보 통신 인력 초청 연수 및 인터넷 청년 봉사단 파견 지속 실시	4,005
총 예산		8,754

출처: 한국정보문화진흥원, 『2003 정보격차 해소백서』, 한국정보문화진흥원, 2003, pp.36~37을 재작성.

2000년대 이전까지 통신 서비스의 보편화는 전화 서비스만을 대상으로 하였다. 그러나 인터넷 시대를 맞이하여 초고속 인터넷 서비스가 보편적 서비스가 되어야 하며, 그 이유가 충분하다. 위에서 논의한 초고속망의 구축과 더불어 중요한 것은 취약 계층이 지불 가능한 수준으로 요금을 낮춰 주거나 지원해 주는 것이다. 정부는 통신 사업자들로 하여금 장애인, 국가 유공자, 저소득층 등 특수 계층이나 특정 기관을 대상으로 30~40% 감면율을 제공하도록 유도하였으나, 과연 충분한 수준인지에 대한 논란은 남아 있다. 나아가 저소득층에 대한 보조가 필요한 것은 아닌지도 '보편적 서비스' 또는 '디지털 복지 사회' 관점에서 지속적인 토론이 필요하다.

셋째, 정보 통신 기기의 보급 및 개발이다. 김대중 정부 시기에는 아직 PC 보급이 지금처럼 일반화되지 않은 때였지만, 그럼에도 불구하고 저소득층을 비롯한 정보 소외 계층의 경우 특히 더 PC를 보유하기 힘든 상황이었다. 위에서 언급한 교육부의 저소득층 자녀 PC 지원 이외에, 정보통신부에서는 정보 소외 계층을 위한 중고 PC 보급 정책을 추진하였다. 그 결과 김대중 정부 5년 동안 33,278대를 수집하여 22,577대를 보급하였다.[74]

정부는 장애인을 위한 정보 통신 기기를 개발하기 위해 노력하였다. 1999년 시각 장애인의 윈도우용 화면 읽기 프로그램이 국내 최초로 개발되었는데, 보건복지부는 이를 기초로 시각 장애인들이 한글과 인터넷을 편리하게 사용할 수 있는 프로그램 개발을 지원하였다. 손이 불편한 장애인을 위한 입출력 장치, 청각 장애인을 위한 음성 인식 프로그램 개발도 지원하였다. 한국전자통신연구원에서는 촉각 및 음성 인터페이스 기반의 시각 장애인용 정보 단말기를 개발·보급하였다. 이처럼 정보 통신에의 접근과 이용에 어려움을 겪는 사람들을 위해 '정보통신접근성보장지침'을 개정하고, 1999년부터 정보 통신 기기 및 S/W를 장애인의 보장구로 지정하였다.

넷째, 정보 이용 시설의 설치·운영이다. 2002년 말 기준 3,518개 읍면동 중 99.4%인 3,498개 지역에 7,312개 정보 이용 시설 설치를 완료하였다. 지방 자치 단체의 읍·면·동사무소와 우체국에 무료 컴퓨터 및 인터넷 이용 시설을 구축·운영하였다. 또 농촌에는 2001년 농협과 농업기술센터에 이용 시설 설치를 완료하였고, 어촌에는 2003년까지

74 한국전산원, 『2003 정보화백서』, 한국전산원, 2003, p.169.

모범 어촌계에 250개 어촌정보사랑방을 설치할 예정이다.

다섯째, 정보 소외 계층을 위한 콘텐츠 개발 및 보급이다. 정보통신부는 장애인과 노인을 위한 생활 정보 콘텐츠를 만들어서 제공하였다. 노동부에서는 장애인 고용정보시스템을 만들어서 운영하였다. 보건복지부는 국가복지종합포털시스템을 만들기 위해 ISP(정보화 전략 계획) 작업을 진행하였다. 농림부와 해양수산부는 농어민을 대상으로 기술 정보, 출하 정보, 가격 정보 등을 제공하였다. 행정자치부는 2001년 25개 정보화 시범 마을을 선정하여 마을정보시스템과 웹 사이트 등을 개발하여 운영한 이후, 2002년 9월 78개 마을을 추가로 선정하여 필요한 시스템들을 개발 중이며, 2023년 6월 완료될 예정이다. <참고 기사 4-5>는 정보화 시범 마을의 사례 보도 내용이다.

<참고 기사 4-5> 정보화 시범 김포 '두레마을'

40~50대 농민들 "정보화가 좋아요"

김포시청에서 48번 국도를 타고 강화대교 쪽으로 20분쯤 달리면통진면이 나오고, 우측으로 꺾어 1km 더 들어가면 너른 들녘을 품에 안은 한적한 마을과 만난다. 동을산리(冬乙山里). 겨울새가 나는 모양이라고 해서 붙여진 이름이다. 동을산리는 행정자치부가 추진하고 있는 27개 '정보화 시범 마을' 중 하나로, 지난해 1월부터 주민들 사이에 컴퓨터 배우기 바람이 일었다. 두레마을로도 불리는 이 마을에 1년 사이에 어떤 일이 일어났을까.

제일 먼저 생긴 것은 이 마을 인터넷 홈페이지(http://doore.invil.org). 김포시와 경기도, 한국통신은 총 5억 2000만 원을 들여 인터넷 전용 회선을 깔고, 마을회관 2층에 지역 정보 센터를 설치했다.

이 정보 센터에는 컴퓨터 17대와 프린터 등이 놓인 정보화 교육장(15평)과 주민들이 자유롭게 컴퓨터를 즐길 수 있는 인터넷 플라자(6평)가 꾸며졌다. 여기서 무료로 교육을 받은 통진면 동을산 1·2·3리 181가구(604명) 주민들은 새해 인사를 홈페이지 자유 게시판에서 나눴다. 서울이나 지방에 있는 친구나 친척들에게 이메일로 안부를 묻고, 궁금한 정보가 있으면 인터넷을 뒤져 찾아낼 정도가 됐다.

컴퓨터 교육장 출석부에는 주민 100여 명의 이름이 올라 있다. 한 번이라도 교육을 받았다는 증거. 40~50대 농부가 대부분인 이 마을 주민들은 1년 전만 해도 '컴맹'이었고 인터넷 전용 회선은 하나도 깔려 있지 않았다. 그러나 농한기인 겨울과 초봄에 윈도우·인터넷 교육을 받으면서 이제는 도시 사람들 부럽지 않을 실력이 됐고, 인터넷 전용 회선도 124가구에 들어간 상태다. 보통 월~금요일 하루 2시간씩 2주간 열리는 컴퓨터 교실은 15석 중 10석 이상이 꼭 찰 만큼 여전히 호응을 받는다. 마을회관 관리를 맡고 있는 공익 근무 요원은 "교육이 없는 요즘에도 하루 5~6분이 찾아와 인터넷으로 신문을 보거나 이메일 전송, 게임 등을 하다 간다."라고 말했다.

두레마을 황우판(50) 운영위원장은 "처음에는 '쓸데없는 짓을 한다.'라며 혀를 차는 어른들도 많았지만, 요즘엔 그랬던 분들이 더 열성적으로 교육장을 찾는다."며, "다른 동네에서도 부러움을 받는 데다 앞으로 전자 상거래도 이뤄질 예정이라 주민들이 기대에 부풀어 있다."라고 말했다.

금창영(여·45) 씨는 "취미로 퀼트를 하는데 인터넷을 배운 뒤로 작품을 찾아보는 재미에 빠진 데다, 부동산·여행 정보도 얻을 수 있어 주부들 사이에서도 인기"라고 말했다.

주민들은 올해 전자 상거래 교육을 앞두고 벌써부터 들떠 있다. 쌀·포도·배 등 특산물을 직거래 형식으로 팔아 고수익을 올릴 수 있기 때문.

김포시청 자치지원과 관계자는 "주민들 생활에 도움이 되는 쪽으로 교육 방향을 잡을 것"이라며, "일단 자리가 잡히면 주민들 스스로 꾸려 나가도록 할 방침"이라고 말했다. 전자 상거래 상품은 마을 운영위원회를 거쳐야 하지만 김포 전역 특산물로 구색을 맞출 계획이다.

(조선일보, 2003.01.06.)

정부의 이러한 노력이 정보 격차 해소에 얼마나 영향을 끼쳤는지는 알아보기 쉽지 않다. 당시 가장 이슈가 되었던 정보 사회 관련 활동은 인터넷 이용이므로, 김대중 정부 동안 인터넷 이용률의 변화 추이를 살펴보면 정보 격차의 추이를 미루어 짐작할 수 있다. <표 4-12>를 보면, 전체 인터넷 이용률의 연간 증가 폭은 1999~2000년에 22.3%p, 2000~2001년에 11.9%p, 그리고 2001~2002년에 2.8%p로서 증가율이 체감 가능한 추세를 보이고 있다. 2022년에 우리나라 인터넷 이용률은 무려 93%에 도달해 있다.

그러나 소위 정보 취약 계층의 인터넷 이용률 증가폭은 대부분 이에 미치지 못하며, 특히 노인, 저학력, 직업(블루칼라)의 경우 증가 폭이 매우 낮아 정보 격차가 크게 벌어지고 있음을 알 수 있다. 여성, 저소득층, 주부의 경우 증가 폭이 낮은 정도가 심하지 않은데, 아마도 정부의 정보 격차 해소 정책('1000만 국민정보화교육' 등)이 약간은 영향을 미쳤을 것이다.

<표 4-12> 정보 소외 계층의 인터넷 이용률 변화 추이 (단위: %)

	1999.10	2000.12	2001.12	2002.12
전체	22.4	44.7	56.6	59.4
여성	14.8	38.6	50.2	53.6
50대 이상	2.9	5.7	8.7	9.3
중졸 이하	0.5	2.8	4.3	5.1
소득 150만 원 이하	16.4	35.2	36.8	38.5
블루칼라	7.4	12.3	25.3	30.0
주부	5.1	19.6	33.0	37.2

출처: 정보통신부, 『한국의 정보화전략』, 정보통신부, 2003, p.201.

김 대통령에게 정보 격차 문제가 해소되지 못한 점에 대한 아쉬움이 남았던 모양이다. 퇴임 2년 후인 2005년 3월 2일 김대중 전 대통령은 『조선일보』와의 인터뷰에서 "정보화와 세계화에 따라 빈부 격차가 심해진 것은 사실이다. 재임 중에 노력했으나 잘 극복하지 못했고, 지금도 문제가 커지는 것 아닌가 싶다. 그러나 분배에 제일 치중하는 것이 공산주의인데 결국 실패했다. 시장 경제는 성장이 있어야 일자리도 생기고, 분배할 수 있는 분위기도 형성된다. 성장과 분배를 병행해서 하되 그래도 성장이 주도하는 가운데 분배를 해야 하는 것 아니냐 하는 생각이다."라고 정보 격차 해소에 실패했음을 솔직하게 인정하였다.

안전한 정보 이용 환경과 건전한 정보 문화의 구현

컴퓨터와 인터넷의 이용은 대량의 정보를 신속·정확하게 생산·유통시킬 수 있지만, 개인 정보 침해나 음란물 유포 등의 문제를 야기시킬 수 있다. 다양한 정보 시스템은 우리가 필요로 하는 업무들을 효율적으로 처리해 주지만, 누군가 해킹 또는 바이러스 공격 등을 통해 이를 오작동 또는 마비시킬 위험이 있다.

시공을 초월한 신축적인 비대면 거래 관계가 정보 사회의 효율성을 높여 주지만, 이를 악용하려는 사이버 범죄의 시도 가능성은 언제나 열려 있다. 또한 사이버 폭력이나 인터넷 중독 또는 컴퓨터 중독처럼 정보 기술의 오·남용도 인간 사회가 피해가지 못하는 문제들이다. 이런 다양한 정보화 역기능들을 극복하고 건전한 정보 문화를 구현하지 못한다면 정보 사회 구축은 제대로 진행되기 어렵다.

김대중 정부도 사이버 코리아 21 계획에서 대응책으로 6개 추진 과제를 제시하였다(앞의 <표 5-1>). 정보통신부는 세부 방안으로 1999년 5월 11일 국무회의에서 '정보화 진전에 따른 정보화 역기능 방지 종합 대책'을, 그리고 10월 22일 국무회의에서는 '범정부 차원의 정보화 역기능 방지 종합 대책'을 제시하였다. 그 과정에서 공청회와 관련 부처들의 충분한 의견 조회를 거쳤다. 또 2000년 7월 12일 개최된 제5차 정보화전략회의에서는 '정보화 역기능 해소 종합 대책'을 보고하였다. 이하에서는 이들과 이후 추진된 관련 정책들을 해킹과 바이러스 대응, 전자 서명, 정보 보호 산업의 경쟁력 강화, 개인 정보 보호, 불건전 정보 유통 억제 및 정보 통신 윤리 확립으로 나눠서 설명하고자 한다.

첫째, 해킹과 바이러스는 정보 시스템을 비롯한 정보 자산의 작동을 방해하여 정보 사회를 파괴하려 한다. 따라서 정보 사회를 유지하기 위해서는 정보 시스템과 정보 자산들을 이들의 공격으로부터 보호하여 안전성·신뢰성을 확보하기 위한 노력을 게을리할 수는 없다. 우선 법규 정비 관점에서 보면, 김대중 정부는 2000년 6월에 '인터넷데이터센터(IDC)시설 안전·신뢰성 기준'을 고시하여 고객들의 서버를 보호하도록 규정하였다.

2001년 1월에는 <정보통신기반보호법>을 제정하여 금융·통신·에너지 등 주요 정보 통신 기반 시설을 사이버 테러에 대비해 특별히 보호하도록 하고 취약점 분석·평가, 침해 사고 예방 및 대응·복구 등의 제반 조치를 취하도록 규정하였다. 또한 조직적으로는 정보통신부에 국장급 정보보호심의관과 3개과를 신설하고(1999.10.), 한국정보보호센터를 한국정보보호진흥원(KISA)으로 확대 개편하여 추진 체계를 정비하였다(2001.7.).

사이버 침해 시 대응은 각 기관의 침해대응팀(CERT; Computer Emergency Response Team)으로 구성된 정보통신망침해사고대응협의회(CONCERT)가 한국정보보호센터 침해사고대응지원팀의 지원하에 대응하는 체제를 구축하였다. 한국정보보호센터 내에 해킹·바이러스상담지원센터(Cyber118, CERTCC-KR)를 개설하여(2000.4.) 해킹·바이러스에 대한 상담을 제공하고, 사고가 발생하면 신속히 사고를 접수하여 대응 연락망을 통해 예·경보를 발령하는 등 사전 대처 체계를 강화하는 한편, 해킹·바이러스 예방의 날을 지정하여 매월 시행하였다(15일).

둘째, 인터넷을 통한 전자 거래는 상대방의 신원 확인이 불확실하고 서로 주고받는 전자 문서의 위·변조 여부를 확인하기 어려우며, 거래 후 상대방이 해당 전자 거래 사실을 부인하는 경우 대응 방법이 마땅치 않은 문제점이 있다.

인터넷을 포함한 정보 통신망을 이용한 전자 거래의 안전성을 법적으로 보장해 주기 위하여 1999년 2월 <전자서명법>을 제정하여 제3자(인증 기관)가 거래 당사자의 전자 서명을 인증해 주는 '전자 서명 인증 제도'를 도입하였다. 이 법은 공인 인증 기관이 인증한 전자 서명에 대해 법적 효력 부여하고, 정보통신부 장관이 공인 인증 기관을 지정하고, 인증 업무의 지속성과 적정성 보장을 위한 관리 제도들을 규정하였다. 최상위 공인 인증 기관은 한국정보보호센터이며, 공인 인증 기관은 처음에는 3개였다가 2002년 말에는 6개가 지정되었다(한국정보인증, 한국증권전산, 금융결제원, 한국전산원, 한국전산인증, 한국무역정보통신).

공인 전자 서명 이용자는 2000년 말 약 5만 명에서 2002년 말 약 577만 명으로 급증하였고, 그중 약 405만 명은 은행 등 금융 분야에서 활용하고 있었다.

셋째, 정보화의 진행에 따라 정보 보호의 필요성은 증가하고 있었으나 관련 기술이나 산업은 수요를 따라가지 못하고 있었다. 정부는 '정보 보호 기술 강국 건설'을 위해 한국정보보호센터와 한국전자통신연구원에 예산을 지원하여 기술 개발을 추진하였고, 2001년 3월에는 '정보보호기술개발5개년계획(2001~2005)'을 수립·추진하였다.

아울러 '정보보호산업지원기반시설'을 구축·운영하여 시험 환경(test-lab)을 제공함으로써, 기업들의 제품 개발 및 연구 활동을 지원하였다(2001. 10.). 1998년 2월부터는 성능과 신뢰도가 검증된 정보 보호 제품이 생산·판매될 수 있도록 정보 보호 시스템 평가·인증 제도 운영을 시작하여 계속 확대하고, 국제 공통 평가 기준을 도입하였다.

주요 정보 통신 기반의 취약점 분석·평가 및 보호 대책의 수립과 지원 업무를 담당할 수 있는 '정보 보호 전문업체 지정 제도'를 도입하여 정보 보호 산업의 발전을 도모하였다(2001.7.). 정보 보호 산업의 경쟁력 강화를 위해 출연 연구소 및 공공 기관이나 대학을 통해 인력 양성을 지원하였고, 2001년 정보 보호 자격 제도를 도입하여 추후 국가 자격으로 공인받도록 하였다.

넷째, 개인 정보의 유출과 그로 인한 프라이버시 침해는 정보화로 인해 새로 발생한 현상은 아니지만, 개인 정보의 디지털화 및 네트워크의 발달로 인해 빈도와 심각성 면에서 차원이 다른 문제가 되었다. 법적으로는 1994년 제정된 <공공기관의 개인정보보호에 관한 법률>과 1997년 개정된 <정보화촉진기본법>에 정부의 준수 의무를 규정하고 있었다.

그러나 점점 더 복잡하고 광범위해지는 개인 정보 유출 상황에 대응할 법규를 보완하기 위해서 2001년 1월 기존 <정보통신망 이용촉진 등에 관한 법률>을 <정보통신망 이용촉진 및 정보보호 등에 관한 법률>로 명칭을 변경하면서, 전면 개정하여 개인 정보 보호에 관한 규정을 대폭 강화하였다. 개인 정보 보호 의무 조항의 적용 대상자를 정보 통신 서비스 제공자 이외에도 각종 재화나 서비스를 제공하면서 개인 정보를 수집하는 자까지로 확대하였다.

아울러 서비스 제공자의 개인 정보 수집 및 이용을 제한하고, 법 위반 시 처벌을 강화하였다. 또한 개인 정보 주체에게 자신의 개인 정보에 대한 통제권을 부여하였으며, 개인 정보 관련 분쟁을 신속·간편하게 해결할 수 있도록 조정 제도를 도입하였다. 이 법에 따라 한국정보보호센터는 개인정보침해신고센터를 개설하여 개인 정보 침해 피해 구제를 지원하였다. 더불어 개인정보분쟁조정위원회를 설치하여 개인 정보 이용자와 피해자 간 분쟁에 대해 조정 결정을 내려 주게 하였다. 2002년 개인정보분쟁조정위원회가 처리한 총 463건 중 조정이 성립된 사건이 441건으로 95%를 차지해 상당히 높은 조정률을 보였다.

다섯째, 인터넷 이용의 확산은 우리에게 편리함과 유용함을 가져다 주고 있지만, 폭력·음란물·유언비어·인터넷 도박 등, 불건전 정보 유통이라는 부작용도 초래하고 있었다. 사회는 여러 가지 새로운 현상들에 직면하여 윤리 기준의 혼란을 겪고 있었고, 이에 김대중 정부는 다각적인 대책을 시행하였다. 정보통신윤리위원회는 불건전 정보 유통 방지 계획을 세워 신고 센터 운영, 모니터링, 정보 제공 사업자 심의 등의 활동을 벌였다. 아울러 건전하고 유익한 정보 사이트를 발굴·소개함으로써 청소년과 학부모의 건전한 정보 이용을 도모하였다. 나아가 정보 제공 사업자의 청소년 관련 우수 콘텐츠 개발을 유도하기 위하여 '청소년권장사이트 제도'를 도입하였다(2000.4.).

불건전한 인터넷 사이트나 정보에 대해서는 접속을 차단할 수 있는 소프트웨어의 민간 개발을 장려하여 보급하였고, 학교와 PC방 등 청소년 이용 시설에 청소년 유해 정보를 선별할 수 있는 S/W를 의무적으로 설치하도록 하였다(2000.8.). 정보 통신망을 통한 사이버 성폭력으로부터 피해를 방지하기 위하여 사이버성폭력피해신고센터를 정보통신윤리위원회 내에 설치하였다(2000.5.). 이후 사이버 명예 훼손이 급증함에 따라 사이버인권침해방지지원센터로 명칭을 변경하였고(2001.11.), 사이버명예훼손·성폭력상담센터로 확대 개편하였다(2002.10.).

그러나 이러한 역기능 방지 노력은 사후 약방문일 수밖에 없기에 예방 노력의 일환으로 정보 통신 윤리 교육과 캠페인을 비롯한 홍보 활동도 활발히 전개하였다. 2000년 5월에는 '네티즌윤리강령'을 제정하고 세부 실천 계획을 수립·추진하였다.

<참고 기사 4-6>은 인터넷으로 인한 각종 부작용과 관련 교육 실태를 감안할 때, 학교에서 '정보 통신 윤리' 교육이 절실하게 필요하다는 의견이 담긴, 당시에 보도된 기사이다. 한편, 국민의 정보화 마인드를 제고하고 정보 사회에서 요구되는 가치·규범 체계를 더욱 잘 이해하기 위해 1988년부터 한국정보문화센터가 주도하던 정보 문화 확산 노력은 김대중 정부에서도 꾸준히 지속되었다. 1999년 6월에는 72개 민간 단체 대표로 구성된 '한국정보문화운동협의회'가 발족하여 기존의 운동과는 차별화되는, 민간 주도의 다양한 활동들이 추가되는 계기가 마련되었다.

<참고 기사 4-6> 학교서 '인터넷 도덕' 가르치자

인터넷을 통한 여중생의 원조 교제, 자살 등 청소년 탈선 및 범죄가 잇따르고 있는데도 초·중·고교에서는 인터넷 이용 등에 대한 올바른 가치관 형성 및 판단 능력 향상을 위한 정보 통신 윤리 교육이 거의 이뤄지지 않고 있는 것으로 드러났다. 전문가들은 "컴퓨터가 생필품화됐고 사회 각분야가 정보화 시대로 급속히 진행되고 있음에도 학교에서는 인터넷 문화에 대한 교육이 제대로 이뤄지지 않고 있다."며 "올바른 윤리 교육을 하지 않은 채 인터넷 사용법만 가르치는 파행 교육이 학생들의 탈선을 부추기는 결과까지 낳고 있다."라고 말했다.

인터넷업계 관계자들은 "대부분의 교사와 부모들이 불건전 사이트 차단 소프트웨어를 설치하면 안심해도 된다고 생각한다."며 "그러나 요즘 초중고교생들은 자유자재로 불건전 사이트에 접속할 수 있는 수준에 와 있다는 것이 문제"라고 지적했다.

◇ 교과목에 통신 윤리 교육 없다=청소년들의 인터넷을 통한 탈선은 지금까지 기술 교육의 전달에만 치중하고 학교나 사회 교육 기관에서 인터넷 윤리 교육을 등한시했기 때문이라는 지적이 강하게 일고 있다. 민주당 김민석 의원이 교육인적자원부의 '초·중·고교 정보화 관련 교과 내용'을 분석한 결과에 따르면 정보통신 윤리 교육은 교육인적자원부가 각급 학교의 재량에 따라 시행토록 시달한 '정보의 이해와 윤리' 교육이 전부이고, 교과목의 80%가 기술과 기능 교육 중심으로 짜여졌다. 영역별로는 컴퓨터 다루기와 구조 등 컴퓨터 일반이 20단원으로 전체의 50%를 차지했고 컴퓨터와 생활, 인간과 컴퓨터 등 정보화의 기초 사항이 17.5%(7단원)였다. 나머지는 소프트웨어 분야 12.5%(5단원), 컴퓨터 통신 10%(4단원), 고급 기술 7.5%(3단원) 순이었다. 김 의원은 "인터넷 문화가 급속히 확산되면서 역기능이 빈발하고 있는데도 제7차 초중고교 교육 과정(2000~2004)을 보면 정보 통신 윤리 교육이 거의 전무한 상태"라며, "기술교육 위주에서 벗어나 학년별 정보 윤리 교육을 병행해야 한다."고 지적했다.

◇ 전문가 진단=각종 통계에 따르면 중학생의 70%, 고교생의 85%가 1주일에 3일 이상 인터넷을 이용하고 있다. 또 전문 조사 기관인 인터넷 메트릭스의 조사에서 15~24살 청소년이 전체 인터넷 이용자의 50%에 달해, 이들이 인터넷 문화를 이끌고 있음을 보여 준다. 그러나 인터넷 인구 확산이라는 긍정적인 면만 보고 방심한 사이 컴퓨터는 청소년들에게 유익하지만은 않은 것으로 변하고 있다. 일부에서는 컴퓨터가 유해하다는 주장까지 나오고 있다. 음란물, 컴퓨터 바이러스 유포, 개인 정보 오남용, 해킹, 지적 재산권 침해, 사이버 성폭력 등이 심각한 사회 문제로 대두했기 때문이다.

이에 따라 정보 통신 윤리 교육이 시급한 과제로 떠오르고 있다. 어기준 컴퓨터생활연구소장은 청소년의 인터넷 중독과 관련 "시속 300~400km 속도를 낼 수 있는 자동차를 운전할 줄만 알았지 속도를 어떻게 제어해야 하는지 모르는 것과 같다."라고 지적했다. 정보통신윤리위원회 관계자는 "실질적으로 교사와 학부모가 학생들을 지도할 수 있는 방법을 제시해야 할 것"이라며, "정보 통신 윤리 교육에 적합한 교육 내용과 교수 모형을 개발해 각급 학교에 보급할 필요가 있다."라고 말했다.

(국민일보, 2001.03.17.)

이와 같이 김대중 정부는 정보화 양지의 확산은 물론, 음지에 대한 철저한 대응을 위해 노력하였다. 그 속에는 국민 전체의 정보화 활용성 제고, 계층 간 정보 격차의 해소, 개인 정보와 인권에 대한 보호, 안전하고 신뢰할 만한 사이버 보안, 인터넷 역기능의 해소 등, 건강한 정보 문화의 확산을 위한 각종 법과 제도적, 관리적, 기술적 조치들이 포함되었다.